생소한 이론을 통해
세상을 봐라!

'Club 2.000 멤버' 그 위대한 여정의 시작

KN541

글 · 구성 정차조

KN541 Club 2.000 멤버는

국력을 창출하는

새로운 형태

그것은 단순히

집안을 밝히는

문제가 아니라

우리의 미래를

밝히는 것

눈앞에 유통 개혁의 꽃이 피고 있다.
바로 4차 유통 혁명!
정보 자산에 주목해 시대를 통찰하면
KN541 플랫폼이라는 해답이 나온다.
비 현실이 부상하고 현실과 가상이 모호한 시대에
생산자와 소비자가 합쳐지는 또 다른
'변화'의 꽃밭이 펼쳐지고 있다.

_____ 님께 드립니다.

년   월   일

들어가며

소비자에게 배당을 지급하는 생소 융합 플랫폼 KN541 샵.

중국 기업 알리와 테무 등의 국내 진출로 회원 유치에 비상이 걸린 가운데 소비자 마케팅의 끝판왕이라고 할 만한 생소 융합 플랫폼 KN541 샵의 출현이 세간의 화제다.

이름도 생소한 KN541 샵은 서버 호스팅 월 이용료 11,000원에 자가 쇼핑몰을 무료로 분양해 준다.

회원들은 무료로 분양받은 자가 쇼핑몰을 통해 사전 예약 공동 구매 시스템에 참여하면 유통 배당은 물론 일반 쇼핑몰에서 판매되는 가성비 위주의 제품보다 품질 좋은 제품을 더 싸게 구매하고 그에 따른 생산 배당과 주식 배당까지 받을 수 있는 기회를 갖게 된다.

회원이 늘면 발생하게 되는 광고 콘텐츠 수익 또한 100%를 회원에게 배당으로 지급한다.

그동안 공급자들의 전유물이었던 부 창출의 기회를 이제는 소비의 주체이며, 경제의 근본이 되는 소비자가 갖게 되는 획기적인 플랫폼 시대를 KN541 샵을 통해 맞게 되었다.

이뿐만이 아니다.

쿠팡, 네이버 N쇼핑, 카카오톡 선물하기, 카카오톡 쇼핑, G마켓, 11번가, 홈플러스와 해외 쇼핑몰 아마존, 아마존 재팬, 이베이까지 원스톱 통합 로그인으로 편리한 쇼핑 서비스에 수익 쉐어의 혜택도 누릴 수 있다.

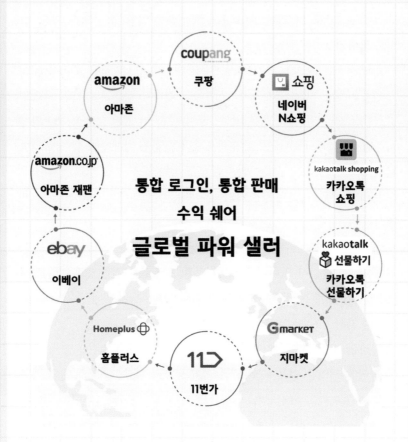

그동안 고객은 허울 좋은 왕이었다. 어디까지나 부 창출은 주주의 몫이었다.

그저 편리한 서비스와 저렴한 소비만으로 만족해야 했던 소비자가 드디어 KN541 샵을 통해 부 창출의 기회를 갖게 됨과 동시에 불필요한 사회적 비용도 줄일 수 있게 되었다.

이게 가능한 이유를 KN541 샵의 회원으로 가입한 제조회사 정영준 대표에게 물었다.

육수를 홍보하기 위한 딸이 운영하는 과천 밀키트&간편식 매장 '밥 먹자 국밥집'.

정영준 대표는 만능 육수를 제조하는 대한민국 1호 국물 조리사다.

한식의 국물 맛이 육수에 달려 있음을 간파한 정영준 대표는 육즙이 고스란히 살아 있는 액상 육수를 상온 유통할 수 있는 고농축 제품화에 성공해 OEM에서 ODM으로 도약했으나 플랫폼 경제하에 놓이게 되면서 JDM에서 OBM으로 나아가지 못하고 있다.

브랜드 파워가 없는 중소기업들은 제품력에 의존할 수밖에 없는 게 현실이다.

하지만 가성비 위주의 제품들이 경쟁적으로 팔리는 지금의 플랫폼 환경에서는 마케팅이 열세인 중소기업들의 제품력은 전혀 힘을 발휘하지 못한다. 이 말은 결국 좋은 중소기업 제품을 소비자가 만날 수 없다는 이야기와 같다.

이러한 플랫폼의 한계를 벗어나기 위해 KN541 샵 스타트업 창업 팀에 참여한 정영준 대표는 제조사들에게 KN541 샵은 최고의 사업 파트너가 될 것이라고 확신했다. 왜냐하면 사전 예약 구매 시스템에 참여하는 제조사에게 100% 사전 결제를 해 주는 것만으로도 큰 힘이 되기 때문이다.

온 세계가 일자리와 저출산 문제로 골머리를 앓고 있다.

2030년이 되면 전 세계 인구 30%가 일자리를 잃는다고 한다. 일찍이 앨빈토플로는 노동의 종말에서 2050년이 되면 세계 성인 인구 5%만으로 생산, 관리, 유통이 가능해지며 나머지 95% 사람은 실업 상태에 놓이게 되는데 지금의 시장 논리로 보면 쓸모없는 95%가 소비의 힘으로 미래의 키(KEY)를 쥐고 있다고 했다.

지금까지는 공급망(SCM)을 생산자와 유통업체들이 관리하고 있었다.

하지만 KN541 샵에서는 한발 앞서서 소비 공동체를 KN541이라는 이름으로 구축하여 소비자가 공급망을 직접 관리하도록 하겠다는 것이다.

소비자의 가치를 생소 융합으로 구현하여 50%는 행위자 본인의 몫, 40%는 공유, 10%는 기여자 몫이라는 독창적인 배분 방식으로 수당이 아닌 배당을 지급함으로써 웹 3.0 시대에 걸맞은 공유 경제 모델이라는 평가를 받고 있다.

지구 사랑 환경 운동을 위해 KN541 플랫폼을 설계한 정차조 회장은 앞으로 미래 유통은 '온라인과 녹색'이라고 판단하고 15년 전부터 '(사)그린플루언서운동본부'를 통해 환경 교육과 '녹색 제품 전문 관리사'를 양성했었다.

바야흐로 인터넷 쇼핑의 폐단과 공급과잉을 고민해야 할 때가 되었다.

그동안 소비조합이니 공동 구매니 하는 것들이 진행되었지만, 결제, 물류, 온라인과 같은 시스템 결함과 시대적 트렌드가 받쳐 주지 않아서 실패로 끝났었다.

산업화 시대와 다르게 이제는 소비 공동체의 파워를 통해 생산자와 소비자가 융합을 하게 되고 삶의 질에 걸맞은 맞춤형 제품을 생산함으로써 공급과잉으로 인해 생기는 전자 공간의 허구성과 사회적 비용을 줄일 수 있게 되었다.

이로써 생산자는 생산에만 집중할 수 있어 더 좋은 제품을 소비자에게 공급할 수 있고, 기업의 목적이자 이윤 센터인 소비자가 직접 생산 활동에 소비 능력으로 참여함으로써 수익 창출의 기회를 갖게 된다는 점에서 매우 고무적인 일이다.

온라인 시장은 점점 소비자의 정보가 공급자들의 홍보와 광고로 왜곡, 방해되고 있다.

KN541 샵 플랫폼은 '녹색 제품 전문 관리사'를 양성하고 학생들에게 지구 사랑 환경 교육을 펼쳐 온 '㈜그린플루언서운동본부'가 녹색 소비 문화를 만들어 가는 취지에서 기획된 사업인 만큼 어느 때보다도 새삼, 지금의 우리 사회가 기대하는 바가 크다.

https://gangnamcj.kr/news/40320#gsc.tab=0

단톡방 리플

대박. 역시 코이노니아 KN541의 대단함이 너무 잘 표현되어서 좋습니다.

읽으면서 전율을 느껴요. 진짜 코이노니아 KN541은 지구상에 하나밖에 없는 대단한 기업으로 성장될 것입니다. 회원 여러분, 진정으로 각자 내 주변 사람들이 이런 창립 멤버 발기인에 다 같이 참여할 수 있도록 책임을 다해 기회를 주어야 합니다. 코이노니아 541명은 선착순입니다. 주변 사람들이 이 기회를 잡지 못한다면 그것은 바로 본인의 책임입니다. 하루하루를 주변 사람 살리는 데 총력을 다합시다.

참으로 코이노니아 541을 만나 행복합니다. 지금 생각하면 코이노니아를 못 만났으면 어떠했을까 하는 생각이 듭니다.

지금부터 얼마 남지 않은 시간, 주변 사람에게 알리는 데 목표를 둡시다요.

코이노니아 541 '화이팅'입니다.

코이노니아를 정말 잘 표현해 주시는 정영준 대표님 감사합니다. 참으로 힘이 됩니다. 든든합니다.

정말 정말 거품을 싫어하시는 정차조 회장님께서 왜! 그러시는지도 느껴집니다. 이기는 게임입니다.

하루라도 빨리 성공시킵시다. '십시일반 우리끼리'~^^

▶ **팀 대표 정은숙 올림**

코이노니아 회원님들 무더운 여름 건강관리

잘 하시면서 일하셔요.

코이노니아가 꿈꾸는 대로 되기를 응원합니다.

▶ **안종환 멤버**

무료 분양 KN541 샵 파이팅!!! 👍

▶ 장명희 디렉터

좋은 하루^^ 코이노니아♡♡♡

▶ 고광식 디렉터

나의 선택 동기

저는 코이노니아 KN541을 만나 등록한 지 벌써 4개월이나 지났네요. 제가 코이노니아 KN541을 선택하게 된 이유는,

1. 매번 제도권을 강조하시는 회장님의 흔들리지 않는 믿음, 신뢰성 때문

2. 지구 사랑을 위한 수익 모델이 자가 쇼핑몰 있기 때문

3. 소비자 주권 시대 최초 기여자 최대 수혜자가 되기 위해서

4. 제도권 내 합법적인 회사이기 때문

5. 끝판왕, 이보다 더 좋은 시스템 플랫폼이 없기 때문

6. 시대에 맞는 그린티 실물화폐 기능 탑재, 어디서나 결제가 가능해서 생태
   계가 확실하기 때문

그래서 코이노니아 KN541을 만난 것이 저로서는 행운이다.

소비자 주권 시대 꼭 만들어 낼 것이다.

우리는 할 수 있습니다.

KN541이 있어 난! 행복합니다.

▶ 조한섭 대표

정영준 대표님 늦은 시간까지

수고 많으셨습니다.

그리고

코이노니아 가족 여러분들 빨리 뵙고 싶습니다.^^
▶ **이석규 대표**

정문석 님! 아니 벌써
디렉터 달성하셨네요!!!!!!!!
정말 축 축하드립니다.
▶ **유미완 대표**

윤옥란 님! 반가워요.
환영합니다. 어서 오세요.
대박 나시길 바래요. 화이팅! 힘내세요.
▶ **이윤서**(이수정)

이귀례 사장님 디렉트 달성
축하합니다.
▶ **김광주 리더**

정문석 사장님, 단기간에 멋지게 해내셨습니다. (굿) 멋져요.
▶ **김순례 리더**

이쁜 언니!! 감사합니다.^^
▶ **이귀례 디렉터**

플랫포머?
용어가 낯선 분들이 계시겠죠.

그래서 새로운 비즈니스인 것이죠.

▶ 정영준 대표

방련화 디렉터님, 어서 오세요.

반갑습니다.

▶ 김진순 운영

방련화 디렉터님

환영합니다.^^♡♡♡

▶ 윤정숙 대표

이현정 님, 디렉터 완성요.

코이노니아 541 최초 기여자, 최대 수혜자. 정말 탁월한 선택입니다.^^

✕✕✕✕✕✕✕♪♪♪♪♪

리더의 반열에 서게 되심을 축하드립니다.

▶ 김민주 리더

인사말 1

나는 환경에 참 관심이 많다.

왜냐하면 자연은 순환 구조를 가지고 있기 때문이다.

인간이 훼손한 자연이 순환을 통해 다시 인간을 훼손시킬 수밖에 없기 때문이다. 기성세대들이 지켜 내지 못한 자연은 고스란히 우리 아들, 딸의 몫이 된다. 인과응보의 법칙이다. 우리가 다음 세대에게 물려줄 가장 값진 유산은 깨끗한 환경, 오염되지 않은 지구라고 생각했기에 1998년도부터 나는 환경 운동 현장에서 일하기 시작했다. 뜻이 있는 사람들이 모여 자비를 들여 가며 유정란을 보급했고 친환경 식품들을 권장하며 친환경 생산자들을 교육하고 캠페인도 벌이며 환경 운동을 했다. 그러나 어려운 점이 한두 가지가 아니었다.

환경 운동을 한다고 돈이 생기는 일이 아니다 보니 많은 사람들이 떠나기 시작했다. 그때 알았다. 아무리 좋은 일이라도 자신에게 이익이 돌아가지 않으면 오래가지 못한다는 것을.

그러다가 2009년 정차조 회장님을 만나 뜻을 같이하기로 했다. 2011년 ㈔그린플루언서운동본부를 설립, 환경부로부터 법인 허가를 받았다. 법인 허가를 받았을 때 주변에서는 기업의 찬조금을 받아야 운영이 된다고 했다.

그러나 정차조 회장님의 생각은 달랐다.

찬조금, 회원의 회비만으로는 지속 가능한 환경 운동을 할 수 없다는 사실을 알고 계셨다. 그래서 수익 모델을 통해 환경 운동을 하자고 하셨다.

여러 번 환경 운동을 하기 위해 시도했지만 녹록지 않았다.

정 회장님은 수많은 관련 서적을 탐독하고 독후감처럼 내게 말씀하셨다.

지속 가능한 환경 운동은 시장 논리로 풀어야 하는 게 답이라고. 시장에서 야기된 문제를 시장의 논리로 풀어내겠다고 하셨다. 그리고 녹색 소비문화를 실생활에서 실천 가능하도록 하기 위한 온라인 플랫폼을 설계하셨다. 이렇게 설계된 것이 주식회사 KN541 플랫폼이 탄생하게 된 배경이다.

경제의 근본인 소비자들의 잠자고 있던 잠재의식과 길들여진 소비 패턴을 뒤돌아보게 하고 소비자들의 진정한 가치를 일깨워 집단화된 소비를 통해 소비 주권 시대를 열어 가는 '자가 쇼핑몰 시대'를 선언한 것이다.

무료로 KN541 샵의 '자가 쇼핑몰'을 분양받고 분양받은 본인의 쇼핑몰에서 소비를 하면 소비한 것에 대한 이익금을 쉐어해 주는 그야말로 쓰면서 돈을 버는 새로운 쇼핑 문화를 연 것이다.

거기에 대거 우리나라는 물론 외국의 브랜드 쇼핑몰이 참여해 수익을 쉐어해 주니 금상첨화이다.

소비 주권 시대를 열어 가며 생산자와 소비자의 융합을 통해 생산자 소비자 모두가 상생하며 경제의 안정을 가져올 수 있고 광고 수익도 100% 공유되니 상위 1%의 꿈도 꾸어 보게 된다. 공유 수익의 일부분이 '㈔그린플루언서운동본부'에 배정되어 돈 걱정 없이 녹색 운동을 펼쳐 갈 수 있어 지구 사랑 지킴이로서의 역할을 톡톡히 해 나갈 것이다.

녹색소비 지구사랑

그린플루언서운동본부

　지금은 맞벌이를 하지 않으면 살아가기 힘든 현실이다. 그러다 보니 자녀를 누군가에게 맡겨야 하는 현실에 불안해하고 자녀 낳기를 꺼리고 있다.

　부모 특히 엄마의 사랑과 훈육 관심으로 키워져야 할 아이들이 다른 사람들의 손에 커 가고 또한 방치된 상태에서 사회적 문제아가 되어 가는 경우들을 종종 접하면서 참으로 안타깝게 생각한다.

　그들은 단지 누구의 아들딸을 넘어 이 나라를 짊어지고 갈 미래의 주인공들이고 국가의 경쟁력이기 때문이다.

　이러한 작금의 현실들이 주식회사 KN541 샵을 통해 경제적으로 안정이 된다면 많은 사회적 문제가 해소될 수 있을 것이라고 나는 생각한다.

그 핵심이 십시일반 우리끼리 모여진 ㈜KN541 멤버들이다. ㈜KN541 멤버들은 단순히 돈을 벌기 위한 수단만이 아닌 유통의 새로운 패러다임을 바꾸어 가며 우리 생명과 직결된 지구를 살리고 아름다운 녹색 문화를 만들어 가는 역사의 한 획을 긋는 영웅들이라고 감히 나는 말하고 싶다.

　　삶은 문제의 연속이고 고난의 연속이라고 누군가가 말했다.

　　각자 누구나 가슴속에 깊은 상처들을 안고 살아가지만 그것이 거름이 되고 그 거름 속에서 새싹이 움터 거대한 고목으로 자리 잡기를 바라는 마음이다.

　　㈜KN541 안에서라면 그것이 가능하다고 나는 믿고 있다.

　　그래서 나는 ㈜KN541을 사랑한다.

　　　　　　　　　　　　　　　　　㈔그린플루언서운동본부 이사장

　　　　　　　　　　　　　　　　　　　유은희

인사말 2

환갑을 맞이하는 나이가 되다 보니 모든 것이 새롭게 생각됩니다.

60갑자가 한 바퀴 돌아 다시 새 60갑자가 시작된다니 말입니다.

왠지 이제까지 잘못 살아온 과거를 벗어 버리고 새로운 나로 살아갈 것 같은 기분이 들어 너무 좋습니다.

마침 이때에 코이노니아를 만났습니다.

KN541은 60갑자를 살아오면서도 깊이 생각해 보지 않았던 소비에 대한 전환적 사고를 촉발하는 어마어마한 충격이었습니다.

저는 철학을 공부하고 철학을 한다는 삶의 자세로 살려고 나름 노력했습니다.

그러다가 박문호 박사님을 만나 자연과학적 세계관에 푹 빠지게 되었습니다.

철학적 관념의 세계에서 입자적 우주론을 접하면서 세상과 삶과 생명 현상을 보는 관점의 대변화가 왔던 것입니다.

그래서 항상 사물과 현상의 최소 단위를 파헤쳐서 '생명은 어떻게 작동하는가.' 하는 근원적 해답을 찾게 되었습니다.

그런데 정차조 설계자의 코이노니아 541은 모든 경제활동의 최소 단위가 '소비'에서 시작된다는 통찰과 소비의 주인공인 '소비자'가 잉여 인간에서 경제활동의 주인공으로 환골탈태하는 대반전의 시작을 얘기하고 있었습니다.

이 책을 읽고 두근거리는 가슴은 '이 세상은 전자와 양성자와 광자의 움직임'이라는 자연과학적 사고로의 변환 그 이상이었습니다.

"인간은 평생 살면서 창조할 수 없습니다. 다만 발견할 따름입니다."

라는 그 박문호 박사님의 말씀이 너무 정확합니다.

KN541은 창조나 발명이 아닙니다.

우리가 너무나 익숙하게 오랫동안 해 왔던 소비 활동에 대한 전환적 사고의 발견일 뿐입니다.

하지만 그 파급력은 60갑자를 돌아 새 삶을 맞이하는 설렘 그 이상입니다.

한마디로 "오, 마이 갓!"입니다.

세상에 이럴 수가…!

위대한 출발에 한 발 걸칠 수 있음에 무한한 감동과 감사를 담아 글을 올립니다.

아산 아지트장 ㈜청하 대표

조상현

목차 ────────────────────────────●

I. | 'KN541 플랫폼' 비즈니스

II. | 'KN541 플랫폼' 비즈니스 모델

V. | 도전하는 영웅이 되라

단군 이래 **4천년** 동안 이어온 영속성을 산업화사회 한민족이

단 **40년**만에

불연속성으로 바꾸어 놓았다.

'KN541 플랫폼' 생소한 이론을 통한 사회적 변화와 개인의 도약은 지금부터가 시작이다. 나는 이 도구가 모두에게 창의적이며 건강하고 윤택한 생활을 가능하게 해 줄 것이라 굳게 믿는다.

-정차조-

글머리 —————————————————————————

내용을 집필함에 있어, 나는 내가 살았던 이전 어느 때보다 고무되고 감정적으로 고양되어 있음을 말하지 않을 수 없다. 매일매일을 가슴 설레는 느낌으로 살아가고 있다. 이전 17년간 공을 들여 연구하고 공부해 왔던 노력의 결실을 목전에 두고 있기 때문이다. 이 결실은 나 자신을 바꾸게 될 뿐만 아니라, 이 글을 읽고 있는 독자 모두에게 신선한 자극과 삶의 변화가 될 것임을 나는 믿고 있다.

오래전부터 나의 뇌리 속에 화두로 처박혀 자리 잡고 있던 생각들이 있었다. 사람은 왜! 아등바등하며 이기적으로 살아야 하는 걸까? 인생이 이렇게 힘들게 진행되어야 하는 이유는 뭘까? 이런 생각의 기저에는 적어도 두 가지 분명한 사실이 있었다. 하나는, 인간은 삶의 피곤함에 찌들어 살면서 환경과 자연을 무너뜨리고 있다는 점이었고, 다른 하나는 그렇게 치열하게 살면서도 결국 자신의 입에 풀칠하는 아주 간단한 것조차 힘들게 해결하고 있다는 사실이었다.

조물주가 인간에게 주신 환경을 보호하면서, 동시에 경제적 시련들을 명쾌하게 뚫어 낼 방법은 없는 것일까? 이 두 가지 인류적 난제를 해결할 수 있다면, 그것보다 나를 행복하게 하는 것도 없을 것이라는 생각이 들었다. 환경보호, 그리고 부(富)의 창출…. 인류에게 어쩌면 이 두 가지는 함께 공존할 수 없는 것처럼 보였다. 부(富)를 만들어 내기 위해 자연을 훼손하고 화석연료를 마구 사용하는 인간의 모습은 이젠 이상해 보일 것도 없는 당연한 모습이 되었다.

나의 내면의 고민이 체념으로 바뀌어 가고 있을 때쯤, 나의 뇌리를 스치는 하나의 생각이 있었다. '그래, 이러지 말고, 환경에 대한 노력을 통해 경제적 안락함을 만들 수 있는 뭔가를 해 봐야겠다! 이것이 오늘의 빵을 해결하면서 모두의 유익이 될 수 있는 방법이 될 수도 있을 거야. 어제를 살 수 없고 내일의 염려 속에 오늘을 전전긍긍하면서 사는 삶, 이젠 정말 지겨워!!'

그로부터 17년의 세월이 흘렀다. 그간 많은 어려움과 뼈아픈 고통이 있었던 것도 사실이었다. 그간 내가 생각했던 것은 이것이었다. 사람들이 환경 문제에 관심을 두지 않는 이유는 정말로 이 문제에 관심이 없어서가 아니라, 자신에게 이익이 되지 않기 때문이라는 점이었다. 귀찮고 번거롭기만 하다면 사람들은 마음에서 우러나와 진심으로 환경을 위한 개선된 행동을 하기가 힘들 수밖에 없다. 소수의 자원하는 사람들도 있겠지만, '근본적 문제 해결'은 절대로 있을 수가 없는 것이었다.

핵심은, 환경을 위한 사람들의 노력을 시장 논리에 맞추어 금전적 이익으로 되돌려 줄 수만 있다면 사람들은 너 나 할 것 없이 모두 환경 문제에 동참하게 되지 않을까?

그렇다면 어떻게 그렇게 만들 수 있을까? 환경을 사랑하는 사람들의 의도적 노력을 어떻게 '경제적 이익'으로 돌려줄 수 있을까? 지난 17년 간의 시간들은 바로 이것을 위한 자신과의 싸움이었고 몸부림이었다.

그리고 마침내! 이전에는 결코 생각할 수 없었던 새로운 방식의 '부(富) 창출 시스템'을 고안해 내게 되었다. 이 시스템은, 통신사나 카드사에서 기존에 벌이고 있는 포인트 시스템이나 사이버 캐시 같은 찔끔거리는 몇 푼의 돈이 아니라, 환경보호 활동에 참여하면 '자신의 삶을 책임질 수 있을 정도의 금전적 이익' 이상을 가져갈 수 있는 시스템이다. 그리고 이것은 사회적 흐름으로 볼 때 '분명히' 실현 가능한 아이템이다.

나는 지금 쓰고 있는 이 원고를 통해, 모두가 원하는 재정적 걱정을 다시는 하지 않을 수 있는 바로 그 아이디어를 공유하려고 한다. 그것도 인류의 과제인 '환경을 보호'하면서 말이다. 물론, 믿기지 않을지도 모른다. 이 책의 처음을 여는 바로 이 시점에 콧방귀가 나올지도 모르겠다. "이 사람 뭔 뚱딴지같은 소릴 하고 있는 거여?" 하고 말이다. 하지만, 나는 확신한다. 이 글을 통해 당신과 당신의 가족들은 분명히 변할 수 있고 변해야 한다고 말이다.

이 안내서를 다 읽고 덮을 때쯤에 당신의 얼굴은 필시 기쁨과 설렘으로 빛나게 될 것이다. 나는 환경 문제와 경제적 윤택함을 동시에 해결할 수 있는 이 시스템을 'KN541 플랫폼'이라고 명명하였다. 그리고 이와 관련된 전체 시스템이 앞으로 몇 달 후 그랜드 오픈을 앞두고 있다. 나는 이 글을 읽는 당신이 나의 기쁨과 안락함에 함께 동참하게 될 수 있기를 진심으로 바란다.

모든 문제의 해결책이라고 할 수 있는 'KN541 플랫폼'에 대한 설명에 더해, 이 책에는 그간 인생을 살아오면서 느낀 '성공하는 인생'에 대한 내면의 철학들이 녹아 있다. 삶에 있어 가장 중요하다고 생각하는 신념은 아무리 강조해도 지나치지 않다고 생각하기에, 부족하지만 나의 생각을 정리해 보았다.

꿈!
너는 꿈을 꿔.
난 꿈을 그릴게.
난 KN541이야.

책이 나오기까지 물심양면으로 나를 응원하고 지원해 준 ㈜그린플루언서운동본부 유은희 이사장과 박근형 팀장에게 감사한 마음을 전한다.
그리고 KN541 멤버와 함께 비전과 생각을 그리고 미래의 가치를 공유하고 싶다.

2024년 11월 어느 날

정차조

KN541 개요 ─────────────────

1. KN541 샵 종합 플랫폼

1) KN541 샵 내(內) 자가 쇼핑몰 'KN541 가게'를 통한(일자리 창출)

2) KN541 가게 내(內) 실질 화폐 경제로 사용할(가상자산 GreenT의 외연 확장)

3) KN541 가게 멤버 집단화로 생소 융합의(새로운 공유 경제 모델 제시)

4) 온·오프라인 결합형, 신개념 직영 프랜차이즈(KN541 가게 멤버 비즈 모델 연계)

5) KN541 가게 멤버를 통해 생성된 크루(Crew, 정회원) 집단을 글로벌 전자 오두막 시대 개척자로 지구 사랑을 테마로 하는 그린플루언서의 양성과 ESG 기업으로의 비전 완성

2. 구성(KN541 샵 – 자가 쇼핑몰)

1) KN541 가게 멤버

① 소비는 곧 수익, 자가 쇼핑몰 운영(쿠팡, 카카오, N쇼핑, G마켓, 11번 가, 홈플러스, 이마트, 아마존, 이베이, 아마존 재팬 등)

② 생소 융합 기반의 사전 예약 구매를 통한(자회사, 계열사, 협력사 간 공급망 관리)

③ KN541 마트, KN541 편의점, KN541 직영 프랜차이즈 연계(크루 프로젝트)

④ 지구 사랑 테마의 환경 도우미(그린플루언서의 육성)

2) GreenT-Token(가상자산)

① 온·오프라인 결제 수단, 직영 프랜차이즈 담보 수단, 메타버스 상권 투자 수단, 사회관계망 가치 수단, 마켓 거래 수단, 광고 콘텐츠 이익 공유 수단, 주식 교환 수단

② 상장 1차(해외), 2차(해외), 3차(국내)

③ ㈜KN541 주식 30%, 그린티 스왑(KN541 멤버 완성 후 - 54,100명)

3) 생소 융합 기반의 영업 전략(소비 확산을 통해 생산 능력 강화)

① 협력사(사전 예약구매 MOQ - 구매 동시 유통 배당)

② 계열사(사전 예약구매 OEM - 구매 동시 생산 배당)

③ 자회사(사전 예약구매 JDM - 구매 동시 주식 배당)

4) 전자 오두막

① 온·오프라인 글로벌 커뮤니티로 KN541 디렉터 멤버(1차 무료 입주)

② 지구 사랑 테마의 녹색 커뮤니티 문화 조성

③ 그린플루언서의 육성을 통한 글로벌 그린 네트워크

3. KN541 가게 멤버(방향)

1) 와서! 놀아라! 신나게!

2) 뜻밖의 재미, 뜻밖의 혜택, 뜻밖의 기회

3) 소유 없는 생산, 지배 없는 발전, 자기주장 없는 행동

4) 구매의 혁명, 수익의 혁명, 사고의 혁명

5) 새로운 시장, 새로운 소비, 새로운 녹색 커뮤니티

6) 녹색 정보 공유, 녹색 생산 주도, 녹색 캠페인 전개

7) 우리들만의 기회, 우리들만의 비전, 우리들만의 혜택

8) 변화의 과정, 변화의 방향, 변화의 통제

요약 1

AI, 정보통신 기술, 블록체인 기술의 발달은 지속 가능하고 경제적이기까지 한 소비자들의 인식을 겨냥하여 새로운 소비 형태의 모델을 필연적으로 요구하고 있습니다.

이는 AI, 정보통신 기술(ICT)과 블록체인 기술의 고도화에 따라 B2C(Business-to-Consumer)와 C2C(Consumer-to-Consumer)를 넘어서는 공유 클라우드 기술 발전과 생산자와 소비자의 융합, 즉 '프로슈밍'이 활성화된 시대로 귀착되게 됩니다.

AI, 정보통신 기술, 블록체인 기술의 개발과 발전 고도화에 따라 21

세기는 필연적으로 다음과 같은 시대로 변화되어 가고 있습니다.

- 하나, 세계화가 가속화되는 시대
- 둘, 공급 과잉의 시대
- 셋, 상대 격차 양분화가 심화되어 가는 시대
- 넷, 핵심 역량을 보유한 전문가 집단이 주도하는 시대
- 다섯, 달러 중심의 시대
- 여섯, 핵심 기능을 제외한 모든 분야 아웃소싱 시대
- 일곱, 소비자의 파워가 막강해지는 시대

이러한 시대 변화를 이해하고 맞추어 나갈 수 있는 우리들만의 시크릿이 있습니다.

지금 그 이야기를 시작합니다.

우리가 살아가는 경제 영역은 크게 제조, 관리, 유통으로 구분할 수 있습니다. 이 세 가지 영역은 다음과 같이 변화하고 있거나 이미 변화되었습니다.

- 하나, 제조 영역. 사람이 할 일들을 로봇이 대신합니다.
- 둘, 관리 영역. 예전에는 수천 명이 하던 일들을 한 사람이 컴퓨터 앞에서 모두 처리합니다.

- 셋, 유통 영역. 시대의 흐름은 오프라인에서 온라인으로 전환해 가고 있
   습니다.

《제3의 물결》에서 앨빈 토플러는 2050년이 되면 성인 인구 5%만으
로 이 세 가지 영역 모두 운영이 가능할 것으로 예측하고 있습니다. 그렇
다면 나머지 95%의 사람들은 어떻게 되는 걸까요? 무슨 일을 하며 먹고
살아야 할까요?

여기 시장경제에서 쓸모없는 듯 보이는 95%의 사람들에게 21세기
핵심 키워드가 있습니다.

95%의 사람들은 소비 능력을 갖고 있죠. 시장경제에서는 소비가 되
어야만 생산이 가동되고 경제가 순환이 됩니다. 소비가 되지 않으면 생
산은 멈추고 경제는 마비됩니다.

이로 인한 소비의 중요성이 부각될 수밖에 없는 이유가 됩니다.

국가 소비 촉진 정책이 있습니다.

- 제1열, 문화
- 제2열, 정보 서비스

- 제3열, 제조
- 제4열, 농업 등

소비를 촉진하기 위해 모든 나라가 공통적으로 사용하는 기본 정책입니다.

그렇다면 소비란 무엇일까요? 지금까지 우리가 알고 있는 소비는 쓴다, 산다, 낭비의 개념이라면, 21세기 소비란? 더 좋은 옷, 더 좋은 음식, 더 좋은 집 등 각 개인의 삶의 질 향상입니다. 그리고 소비가 되어야 생산이 이루어질 수밖에 없기 때문에 소비는 생산의 주체가 됩니다. 소비가 멈추면 생산이 이루어지지 않고 경제가 마비되므로 소비는 곧 경제 순환의 연결 고리가 됩니다. 즉, 소비자는 경제의 근본이 되는 것입니다.

지금까지 소비자들은 구매하고 사용하고, 사용 후기라는 정보를 기업에게 무상으로 제공하는 등 고객으로서 충성을 다하여 왔습니다. 하지만 21세기 시장경제 질서가 바뀌어 가고 있습니다. 소비자 파워가 막강해지는 시대로 가고 있는 거죠.

기업 입장에서 고객을 정의해 보면 고객은 사업의 기초가 됩니다. 또한 고객은 기업의 존재 이유이기도 합니다. 그리고 고객은 기업의 유일한 이윤 센터입니다. 그것을 아는 기업은 죽기 살기로 소비자를 파트너로 선정하고 있으며 고객의 생을 가치로 평가하고 있습니다.

고객이 사업의 기초이자 기업 존재 이유이고, 고객이 기업의 유일한 이윤 센터라면, 그리고 고객이 소비를 함으로써 경제가 순환될 수밖에 없다면, 고객이 생산의 주체가 되어야 하고 소비자가 생산을 주도하여야 마땅하지 않을까요?

21세기 시장경제 생태계는 정보통신 기술 발전과 다중 매체 활성화로 인해 제품 수명 주기가 짧아지는 특징을 보이며 이미 소비자 욕구를 넘어 소비자 가치에 부합된 환경으로 변해 가고 있습니다.

현재 제품의 수명 주기는 2개월, 길어야 7개월입니다. 한 기업이 새로운 제품을 출시하여 판매를 하기 위한 노력을 기울여 소비시장을 개척하다 보면 경쟁기업 혹은 대기업이 새로운 기술로, 브랜드와 자본력을 바탕으로 한 더 좋은, 더 편리한 제품을 개발하여 시장을 쪼개거나 선점하게 됩니다. 이는 출시된 신상품의 95%가 몇 개월 내 시장에서 사라지는 이유가 되기도 합니다.

또한 정보통신 기술을 바탕으로 한 다중 매체인 멀티미디어 시대는 기존의 매체는 물론 1인 미디어를 포함한 수많은 새로운 매체를 통해 기업이 생산한 제품의 우수성을 알려야 하는데, 중소기업 입장에서는 마케팅 비용이 감당이 안 되게 됩니다. 이는 신생 기업들의 약 30%가 1년 이내 도산할 수밖에 없는 구조적 이유입니다.

21세기 시장경제 생태계의 또 다른 특징은 기존 산업화 사회에서, 상

품을 만들어 고객에게 판매를 하였다면 4차 산업혁명의 정보화 사회는 고객을 확보한 후 생산이 이루어져야 하는 기존 시장과의 정반대적인 개념을 들 수 있습니다.

이러한 관점에서 21세기 기업은 죽기 살기로 소비자를 파트너로 선정하기 시작합니다.

고객 찾기, 고객과 관계 맺기, 고객과 관계 관리 강화.

기업은 고객 생애의 소비 가치를 평가하며 평생 가치 개념을 두고 충성 고객을 확보하기 위한 생존 전략으로 엄청난 마케팅 비용을 들이고 있습니다.

소비자는 과거에도 현재에도 미래에도 준비된 완성자였습니다. 이들이 모여 소비 공동체를 이룰 수 있다면, 소비자에게 과연 어떤 일이 벌어지게 될까요?

모든 제품에는 생산물대가 있습니다. 일반적으로 평균 약 10% 수준입니다. 즉, 소비자가 1천 원에 상품을 구입하였다면 생산가는 백 원이라고 보면 되겠죠. 나머지 9백 원은 총판, 대리점 소매점 구조에 의해 마케팅 홍보 비용 및 제품 이동, 보관, 판매, 배송, 폐기 등의 과정을 거치면서 발생합니다.

이렇게 발생한 비용들을 지금까지 소비자가 모두 부담해 왔습니다. 소비자가 기업에게 홍보, 마케팅 등을 요구하지 않았는데도 말이죠.

이러한 시장 유통 구조를 소비자와 생산자 간의 직접 구매 형태로 바꿀 수 있다면,

이러한 생산 체계를 소비자가 필요로 하는 맞춤형 생산 시스템으로 전환시킬 수 있다면,

글로벌 플랫폼 기업과 스타트업의 70%가 공유 경제 플랫폼을 표방하고 있으며, 4차 산업혁명 시대로 가는 변화의 원동력이 되고 있습니다. 하지만 가치 창출과 가치 분배의 형태는 정보의 공유, 관계의 공유, 사물의 공유에만 한정적으로 이루어지는 한계가 있습니다.

하여 ㈜KN541은 이러한 한계를 극복하기 위한 제안을 합니다.

그 첫 번째는 공동 구매입니다.

- 대량 구매를 통해 마케팅 비용을 줄이면 현명한 소비가 가능해집니다.

두 번째 공동 생산입니다.

- 원하는 브랜드, 원하는 상품으로 생산이 가능해집니다.

세 번째 공동 개발 생산입니다.

- 소비자가 기업에게 필요한 기능을 요구하며 소비자가 생산에 직접 참여
  합니다.

이러한 방법들은 AI, 정보통신 기술, 블록체인 기술을 바탕으로 한 공유 클라우딩 기술의 고도화를 통해 온라인 시스템, 금융 결제 시스템, 물류 시스템에 적용함으로써 가능해졌습니다.

기술의 고도화로 적용된 시스템을 바탕으로 ㈜KN541 플랫폼이 운영하는 쇼핑몰인 KN541 샵은 '자가 쇼핑몰'을 무료로 분양하여 1인 백화점 시대를 구현하고 현재의 공유 경제 플랫폼이 가지는 한계를 뛰어넘어, 생산자와 소비자가 융합을 해서 소비 주권 시대를 다음과 같이 선언합니다.

- 하나, 사전 예약을 통해 더 좋은 제품을 더 싸게 구매하고 유통 배당을
  공유합니다.

- 둘, 사전 예약을 통해 더 좋은 제품을 더 싸게 구매하고 유통 및 생산 배당을 공유합니다.

- 셋, 사전 예약을 통해 더 좋은 제품을 더 싸게 구매하고 유통 및 생산, 주식 배당을 공유합니다.

21세기 우리만의 시크릿은 소비 확산을 통해 생산능력을 강화시키고, 소비자가 기업 생산에 직접 참여함으로써 홍보 및 마케팅 비용을 줄이고 유통 체계를 단순화하여 소비자가 유통과 생산을 주도하는 소비 주권 시대를 열어 갑니다.

소비자가 사용하는 모든 제품을 '사전 예약'을 통해 구매 비용을 생산에 투자함으로써 자회사, 계열사, 협력사로 하여 새로운 유통 질서 체계를 만들어 갑니다.

요약 2

㈜KN541은

매출이 없습니다.
투자를 받지 않습니다.
물건을 판매하지 않습니다.

고로 수당이 없습니다.

대신 배당이 있습니다.

배당이란? 최초 기여자의 몫입니다.

주식회사가 설립될 때 납입자본을 만들기 위한 주주 구성을 합니다.

설립 목적에 따른 행위로 잉여가 발생하면 참여한 주주들이 배당 형태로 모두 나누어 가집니다. 회사가 성장 발전할수록 주주들의 잉여 배분은 더욱 늘어날 수밖에 없습니다. ㈜KN541은 KN541 멤버들이 뭉친 **소비 기여자**들이기에 배당을 드리는 것입니다. 구체적으로 말씀드려 보겠습니다.

㈜KN541 플랫폼은 세계 최초 '자가 쇼핑몰'을 무료 분양합니다. 개개인에게 쇼핑몰을 하나씩 드리는 거죠.

여러분이 쇼핑몰을 운영한다면 본인과 가족, 친구, 지인들이 이용하게 되겠죠.

월평균 소비를 3백만으로 가정했을 때, 1년이면 3천6백, 10년이면 3억 6천, 인생 80년을 곱하면 25억, ㈜KN541과 '자가 쇼핑몰'을 분양받은 고객과의 관계 접점은 '고객의 생애 소비 가치'로 평가했을 때 1인 25억 매출권입니다.

㈜KN541은 '고객의 생애 소비 가치'를 투자로 보고 판매 이익을 행위자 50%, 공유 40%, 기여자 10% 형태로 모두 '가상자산 GreenT'로 배당해 드립니다.

GreenT는 온·오프라인 결제 수단으로, 직영 프랜차이즈 담보 수단으로, 메타버스 상권 투자 수단으로, 사회관계망 가치 수단으로, 마켓 거래 수단으로, 광고 콘텐츠 이익 공유 수단으로, 주식 교환 수단으로 그 기능을 합니다.

또한 '자가 쇼핑몰'로 집단화된 소비 능력을 바탕으로 '사전 예약 구매'를 통해 구매한 비용을 생산에 투자해서 생산 지분에 참여하고 직거래에 의한 더 좋은 제품을 더 싸게 공급함과 동시에 유통 배당, 생산 배당, 주식 배당을 받습니다.

소비자가 생산과 유통을 주도하면서 실물과 금융 및 화폐와 비화폐 경제를 아우르는 새로운 시장을 만들어 갑니다.

더 좋은 제품을 다 싸게 구매하고 배당을 받다 보니 '자가 쇼핑몰' 운영자들의 만족도를 넘어서 주변에 홍보가 되고 제품의 우수성에 따른 브랜딩이 고취되어 집단 구매로 이어지면서 대량 생산 판매가 이루어지게 됩니다.

'사전 예약 구매'에 참여한 분들은 그 제품이 팔려 나갈 때마다 이익의 10%를 배당으로 받게 됩니다. '사전 예약구매'에 참여한 '최초 기여자'의 몫인 거죠.

지금까지는 저렴한 소비, 현명한 소비를 지향하게 하여 부는 유통과 생산이 가지고 갔습니다. 아무리 지혜로운 소비를 해도 소비자는 소비만 할 뿐, 소비자는 기업의 봉!이었습니다.

21세기는 '소비자의 파워가 막강해지는 시대'라고 앨빈 토플러는 말합니다. **소비자가 뭉치면 소비가 능력이 되고 소비 능력은 곧 힘이며 권력의 원천**이 됩니다.

지금까지 유통과 생산이 주도하던 시장 시스템을 소비를 집단화함으로써 소비자 주권으로 바꾸어 소비자가 '부'를 가지고 오는 쓰면서 돈을 버는 새로운 시장 질서 체계를 ㈜KN541에서 '자가 쇼핑몰'을 통해 십시일반 우리가 만들어 갑니다.

  '사전 예약 구매' 비용으로는

  1. 기술은 있으나 생산능력이 없는 기업
  2. 제품은 있으나 시장을 만들지 못한 기업
  3. 집단 구매를 통해 생산에 투자함으로써
  4. 구매자들이 생산의 주체가 되고 소비의 주체가 되어
  5. 상호 작용에 의한 기업은 안정적인 생산을 할 수 있게 되며, 기업은 기술 개발과 생산에만 집중할 수 있게 됩니다.

  '사전 예약 구매'를 한 비용을 생산에 투자함으로써 지금까지 소비만 하던 제품들을 자회사, 계열사, 협력사로 하여 생산된 제품을 '직영 프랜차이즈'로 새로운 시장, 새로운 소비, 새로운 유통 문화를 열어 갑니다.

  지금까지 프랜차이즈는 가맹비 및 매장 임대 보증금, 인테리어 등 상품을 공급받기 위해서는 담보물이 필요하였습니다.

  KN541의 프랜차이즈는 기존 시스템과 달리 모두 직영화합니다.
  KN541에 참여한 멤버는 누구나 신청 가능하며, 임대 보증금, 인테리

어, 제품 공급, 월 관리비, 임대료, 전산 시스템, 마케팅 비용 모두를 회사가 부담합니다.

판매 이익금은 KN541로 지급하게 되며, 공유 혜택이 주어지는 멤버십에 의해 자동 판매가 이루어지는 구조로 소비자 주도의 새로운 시장이 만들어지게 됩니다. 참여자(50%), 공유(40%), 기여자(10%)로 분배되는 시스템, 미래가 요구하는 공유 경제 모델을 KN541에서 한발 앞서 실천해 갑니다.

㈜KN541은 고객의 욕구를 넘어 고객의 가치를 제공함으로써 유통의 새로운 패러다임을 제시하게 될 것입니다.

㈜KN541은 지구 사랑이라는 의미 있는 일들을 재미있게 실천하기 위한 방안으로 ㈔그린플루언서운동본부를 모체로 하여 설계가 되었으며 '자가 쇼핑몰'을 매개체로 소비를 집단화함으로써 뜻밖의 재미, 뜻밖의 혜택, 뜻밖의 기회라는 슬로건으로 우리들만의 가치를 표방하고, 건강한 삶이 녹색 실천의 시작이라는 캐치프레이즈로 '전자 오두막 시대'를 열어 갑니다.

'전자 오두막'을 지구 사랑 발원지로 하여 새로운 녹색 커뮤니티 문화를 만들어 갑니다.

녹색만족선언서

1. 구매 형태로 출발

2. 새로운 형태의 비즈니스(사회적 산물)

3. 소비자가 중심이 되어서 진행

4. 모든 물건 공급자 소비자 에게로 오라

5. 21세기 공급과잉, 소비자가 사회질서를 바꾸기 시작

6. 소비자 구매 시스템, 소비자 생활 시스템

7. 우리는 소비 전문가. 범위의 경제 정보학, 소비 전문가 조직

8. 공급자와 협상, 독립적 지위, 비즈니스맨

9. 독립적 존재, 우리 모두는 소비 경영자, 소비자가 부를 쌓는다.

10. 지속 가능한 소비, 범용 화 된 우리만의 차별화된 제품 구성.

11. 시스템을 의뢰 대행 시킨다. 회사가 마케팅을 대신.

12. 다양한 형태의 새로운 녹색 커뮤니티 문화

13. 시스템 매니저, 새로운 형태의 뉴 비즈니스맨

14. 무슨 서비스든 우리 방식으로 해결한다.

15. 소비자가 정부기능을 대신(제3섹터)

16. 우리는 인스펙터(상품 검색 자)

I.
'KN541 플랫폼' 비즈니스

21세기, 인터넷 기반의 '플랫폼 비즈니스' 시대

20세기와 21세기는 많이 다르다. 특히 21세기 같은 경우에는 인터넷이 대대적으로 개인들에게 보급되면서 완전히 새로운 시대가 열렸다. 이전에는 물리적으로 보이는 실제 상점이 있어야 했고 상점을 운영하기 위해서는 부수적인 운영비가 많이 들었다. 간판을 달아야 했고 임대료를 지불하면서 물건을 들여놓아야 했으니까 말이다. 그만큼 물건에 대한 위험 부담도 떠안고 가야만 했다.

541
Platform
Business

그런데 인터넷이라는 것이 보급되면서 상점을 디스플레이하지 않아도 되는 시대가 열렸다. 굳이 넓은 상점을 오픈해서 운영비를 걱정하며 물건을 판매하지 않아도 되는 시대가 열린 것이다. 간단히 말해 다음의 몇 가지로 정리될 수 있다.

온라인은

1. 구매 비용 절감   2. 재고 감소
3. 사이클 타임 단축   4. 신규 판매 기회 발생
5. 고객 서비스 개선   6. 마케팅 비용 절감

이것이 20세기와 21세기의 가장 큰 차이점이라고 볼 수 있다. 바로 인터넷 인프라를 바탕으로 한 '플랫폼'의 힘이다. 이에 반해,

오프라인은

1. 거리의 제약   2. 공간의 제약
3. 비용의 제약   4. 부피의 제약
5. 무게의 제약   6. 시간의 제약 등

플랫폼을 비즈니스로 하는 사람들은 21세기 시장경제에서 성공의 위치를 선점할 수 있게 된다. 성공적인 플랫폼을 위해서는 우선, 많은 사람이 찾게 만들어야 한다. 또한 얼마나 오랫동안 머물 수 있게 하는가에 따라 기업의 가치가 달라진다. 즉, 가입자 수가 플랫폼의 재산적 가치가 되는 것이다.

두 가지 조건을 모두 충족시켜 주는 곳이 바로 페이스북이다. 페이스북의 주메뉴는 '사람 찾기'다. 페이스북의 경우, 대학생 몇 명이 자기네들끼리 소통하기 위한 것들을 도구화하여 차고에서부터 비즈니스가 시작되어 8년 만에 나스닥 상장을 하게 되었고 대한민국의 전 기업 가치를 넘어섰다. 현재 페이스북의 사용자 수는 29억 명을 넘어서고 있다. 그만큼 재산적 가치는 높을 수밖에 없다. 플랫폼 비즈니스를 하는 사람이 시장 논리에서 우위를 선점하고 성공할 수밖에 없는 시대가 열리고 있는 것이다.

한동안 이슈가 되었던 최대 전자 상거래 기업인 '알리바바(Alibaba)'의 주메뉴는 '상품 찾기'이다. 창업자는 평범한 영어 교사였던 '마윈'이라는 사람이다. 마윈 회장은 1999년 50만 위안으로 인터넷 전자 상거래 기업인 알리바바를 창업했다. 21년이 지난 2023년에는 연 매출을 약 114조 원을 이뤄 냈다. 알리바바는 중국 전자 상거래 시장에서 70% 이상을 점유하고 있을 정도로 규모가 크다. 평범한 교사에서 세계적인 경영자가 된 마윈 회장 역시 '플랫폼'을 기반으로 성공했다.

미국 나스닥에 주식 가치를 상장한 이후 마크 저커버그와 중국인 마윈의 성과는 우리를 놀라게 했다. 인터넷 물결에 편승해 순항하고 있는 그들의 주식 가치는 나스닥 상장을 통해 전 세계 최고의 부호 반열에 들게 했다.

인터넷이 세상 사람들에게 1:1로 보급되면서 바뀐 것이 있다. 개인과 개인 사이의 관계가 그렇게 단단하지 않으면서도 불특정 다수에 의해 구성된 암묵적인 플랫폼이 개인과 기업에게 매우 큰 힘을 가지게 했다는 점이다. 그런 플랫폼이 있다면 돈 몇 푼 들이지 않고도 큰 기업체 이상의 영향력을 가질 수도 있을 것이다. 21세기 비즈니스는 어떻게 인터넷 플랫폼에 안착하느냐가 재산 가치를 구분 짓게 하는 요소가 되었다. 플랫폼에 상품을 얹으면 그 제품이 어떤 것이든 '제품의 가치'를 올바르게 전달하여 성공할 수 있는 시대가 되었다.

얼마나 많은 사람을 불러오는가, 머물게 하는가, 이것이 핵심 키워드이다. 이것은 개인에게 있어서 굉장한 '기회의 시장'이 될 수 있다.

단 한 평의 땅도 밟아 볼 수 없는 거대한 사이버 세상으로 시장과 경제가 이동하고 있다.

경쟁을 끝내고 협력하는 플랫폼을 만들라

① 공유와 분배, 활용이 있는 곳에 생존과 삶이 있다

이전 시절, '독점'이 기업의 생존 전략이었던 때가 있었다. 하지만, 지금은 그렇지가 않다. 핵심 기술이나 원천 기술은 보호하고 그 외의 부가적 서브 자료들은 공유하고 분배하여 그것을 활용할 수 있도록 하는 것이 현 시장경제의 대세이다. 예를 들어, 새로운 시장에 가치를 부여하여 재원을 만들고 싶을 때, IT 계열의 기업들은 앱을 출시하면서 완전 무료로 그것을 공유하거나 소스를 오픈하는 경우가 많다.

사실, 힘들여 만든 것들을 왜 다른 사람들에게 공짜로 공급하느냐고 말할 사람도 있을 것이다. 하지만, 이것은 절대로 손해 보는 장사가 아니다. 그 앱을 기반으로 하나의 '플랫폼'이 형성되기 때문이다. 그것이 게임이건, 메신저이건, 아니면 특수한 기능을 수행하는 '앱'이건 간에 공유와 분배를 기반으로 소비자들이 서비스를 이용할 수 있도록 완전히 오픈하는 것은 수익을 만들어 내는 '플랫폼'을 구성하게 하는 매우 요긴한 방법이다.

만들어진 플랫폼을 이용해 거기에 배너 광고를 걸든지 아니면 그것을 이용해서 상품 판매를 하는 것 등은 플랫폼 소유자나 이용자의 몫이다. 플랫폼이 존재하는 한, 이제 그 소유자는 어떠한 것도 효과적으로 승부를 볼 수 있게 된다. 그것도 아주 지속적으로 말이다. 플랫폼 안에 생존과 삶이 있다. 이전의 '독점적 사업' 형태로는 지금으로선 딱 굶어 죽기

십상이다. 발전을 기대하기 어렵다는 얘기다.

② 생태계 구축이 필요하다

구축된 플랫폼 안에서 사용자들이 함께 생활하고 의견을 교환할 수 있는 '거리'가 없다면 그 플랫폼 역시 오래 존재할 수가 없다. 따라서 만들어진 플랫폼 안에 감정과 지성을 녹여 내어 구성원 각자가 오래 머무를 수 있도록 하는 기능이 반드시 있어야 한다. 말하자면 일종의 **'생태계'**가 존재해야 한다는 것이다.

③ 환경 문제를 접목시켜라

환경 문제는 전 지구적인 관심의 대상이 되고 있다. 플랫폼을 구성함에 있어 환경이라는 화두가 유리한 고지를 선점할 수 있는 이유는 이 화두를 터부시할 사람은 아무도 없기 때문이다. 달리 표현하자면 환경 문제는 '전 세계 공통어'처럼 쓰이는 **'공통의 지향성'**이라고 할 수 있다. 어느 나라의 어느 부류의 사람들을 대하더라도 이것은 마찬가지이다. 이 문제를 가볍게 볼 사람들은 거의 없다. 그리고 아무도 이 '대의명분(大義名分)' 앞에 자유롭지 못하다. 바꾸어 말하자면, 환경을 대의명분으로 제시하는 모든 활동은 다수의 사람에게 매우 큰 호소력을 가질 수 있다는 이야기이다.

하지만 애초에 처음부터 이 모든 사항을 고려한 플랫폼을 만든다는 것은 말이야 쉽지 사실상 매우 힘든 과정이다. 플랫폼이 성공을 위한 마법의 도구이긴 하지만, 그것을 개인이 쉽사리 만들기에는 여러모로 제약이 있는 것도 사실이다.

　물론, 방법은 있다. 이미 누군가에 의해 외적으로 구축된 이른바 '그
린'을 모토로 하는 '플랫폼'을 이용하는 것이다. 이 부분에 있어 나는 당
신에게 만족스러운 답을 줄 수 있다. 이어지는 내용들을 통해 나는 '환
경보호'와 '플랫폼'이 함께 접목된 'KN541 플랫폼'에 대한 미래 지향적
비전을 당신에게 제시하려고 한다.

플랫폼이란 무엇일까?

시장경제의 논리로 한마디 정의를 내린다면 그것은 시장의 흐름을 주도할 수 있는 **'툴과 시스템'**을 말한다. 특히 우리가 이 안내서를 통해 검토하려는 그 '시스템'이란 '사람들로 이루어진 집합체'이다.

즉, 사람이 많이 몰리는 명분상의 DB 속에서 다양한 형태의 비즈니스 모델을 적용시켜서 부가적인 수익을 창출하는 개념이 플랫폼 비즈니스이다. 최근 구글, 애플, 페이스북, 그리고 아마존이 자신들만의 강점을 가진 플랫폼을 통해 각자의 영역에서 절대 강자로 부상하면서 비즈니스 업계에 플랫폼에 대한 관심이 집중되고 있다. 바야흐로 플랫폼이 기업의 성패를 좌우하는 핵심 요인으로 등장한 것이다.

플랫폼은 기존 시장경제의 틀을 완전히 바꿔 놓았다. 제품을 만들고 소비자를 모으는 방식이 아니라, 소비자로 이루어진 공동체적인 '덩어리'를 만들어 놓고 소비자에게 맞춰 제품을 생산하는 형식으로 구조를 바꾼 것이다. 바로 이것이 오늘날 신경제를 만들어 가는 원동력이 되어 가고 있다. 많은 이용자가 존재하는 '페이스북'의 경우, 어떤 물건이나 제품이 있는 것도 아닌데 매출이 상당하다. 기업의 매출 가치가 한국의 일류기업으로 알려진 삼성을 넘어서는 정도이다. 이렇듯, 플랫폼의 힘은 참으로 엄청나다고 할 수 있다.

소비할 '대상'을 먼저 구성하고 맞춤식 생산품을 만들어 내는 식의 이러한 '플랫폼' 구조는 안정적이면서도 고정적인 수입을 가능하게 한다.

실제 '다음'이나 '네이버'를 이용하는 얼마의 사용자들은 온라인 카페 등을 통해 자신만의 작은 '플랫폼'을 만들어 놓고 제품을 홍보하거나 연결시켜 주는 형태로 비즈니스를 한다. 탄탄하기도 하고 그들에게 홍보하는 면에서도 큰돈이 들어가지 않는다. 오히려 홍보비를 외부에서 받고 배너를 건다거나 자체적으로 광고를 함으로써 부수익을 만들기도 한다.

만약, 제품의 우수성이 증명되고, 경쟁력도 있고, 그 제품을 선택할 수밖에 없는 특별한 매력이나 가치가 있다면 그 제품은 팔릴 수밖에 없다. 문제는 그렇게나 좋은 제품이라 하더라도 소비자들에게 어필하기 위해서는 '광고비'가 들어간다는 것이다. 제품의 존재를 알아야 제품을 쓰든가 말든가 할 게 아닌가? 그 막대한 광고비를 상당 부분 필요하지 않도록 하는 것이 '플랫폼'이라고 할 수 있다.

이미 언급했듯이, 플랫폼을 이용하면 광고비가 거의 들지 않는다. '플랫폼'을 처음에 구성하는 것 자체가 힘들어서 그렇지, 일단 플랫폼이 구성되고 나면 철저한 관리를 전제로 했을 때 거의 영구적인 광고 효과를 낸다. 기존의 온라인 마케팅이나 공중파 광고를 하는 것과는 차원이 다르다. '공지' 하나만 띄워 줘도 사람들은 그 제품의 존재를 알게 되어 그것을 선택할 수 있게 된다. '플랫폼'이 시장의 구조를 혁신적으로 바꿀 것은 자명한 이치이다.

이것은 비단 광고비 부분만 그런 것은 아니다. 플랫폼을 이용한 비즈니스는 중간 마진이 없다. 예를 들어 어떤 제품을 천 원에 판다고 가정했을 때 현재의 시스템으로는 여러 유통 과정을 거칠 수밖에 없다. 도매, 소매를 거치다 보니 원래의 물건 가격보다 비싸질 수밖에 없다. 만약, 이러한 유통 구조를 거치지 않고 천 원짜리 물건을 700원에 살 수 있다면 분명 소비자들은 이를 선택하게 될 것이다. 중간 마진을 포인트나 사이버 캐시로 만들어서 다시 소비자에게 돌려줄 수도 있다. 가격은 낮추고, 제품의 질은 향상되고, 이익금은 소비자에게 되돌려주는 3가지 장점을 동시에 만들어 낼 수 있다.

기존의 플랫폼을 가지고 있는 기업들은 거의 대부분 성공을 했다. 앞서 언급했듯, 여기에 더해 **지구를 사랑하고자 환경적인 내적 심리를 접목**시킨다면 그 효과는 엄청난 에너지를 가지면서 확산될 것이다. 누구나 자연보호, 녹색 환경에 관심을 많이 가지고 있기 때문이다. 호감 요소가 될 수 있는 특정 이슈의 접목은 기업의 이미지를 상승시키는 역할을 할 수밖에 없다.

어떤 면에서 사회를 건강하게 하고, 불확실함을 **'가능한 성공'**으로 만들어 주는 도구나 틀은 따로 있다는 생각이 든다. 그것들을 효과적으로 사용할 수 있다면 아마도 사회는 더 건강해질 수 있고 개인이 가질 수 있는 부의 가치는 더 명확해질 것이다.

'KN541 플랫폼'이란?

　이제 내가 소개하려는 'KN541 플랫폼'은 '환경보호'와 '지구 사랑'을 모토로 하는 **'생산 소비자 융합'** 시스템이다. 잠정적으로 볼 때 이 시스템은 페이스북의 '사람 찾기', 알리바바의 상품 찾기를 넘어선 가장 현실적이고, 발전 가능한 '실질적' 비전을 제시한다. 그리고 이 'KN541 플랫폼'의 엄청난 폭발력은 당신의 사회적 포지션을 완전히 바꿔 놓을 것이다.

[KN541 샵과 소비자와의 관계]

▶ KN541 플랫폼: 생산 소비자 융합

▶ 킬러 콘텐츠: 뜻밖의 재미
- 생산 소비자 융합
- 구매 동시 지분 참여
- 소비는 곧 수익

▶ 연계 콘텐츠: 지구 사랑
- 녹색 정보 제공
- 녹색 교육 진행
- 녹색 캠페인 전개

▶ 문화의 장
- 각종 솔루션 제공
- 온·오프라인 연계 콘텐츠
- 녹색 커뮤니티 문화

[KN541 플랫폼이 가지는 특징]

- **'와서'**: 형성 조건(인터넷 비즈니스는 사람이 와야 시장이 형성된다.)
- **'놀아라'**: 유지 조건(머물게 해야 유지가 이루어진다.)
- **'신나게'**: 혜택 조건(재미가 있을수록 가치가 높아진다.)

아직 감이 잘 오지 않을 것이다. 이어지는 내용을 통해 'KN541 플랫폼'이 가지는 상상하기 힘든 에너지를 구체적으로 살펴보기로 하자.

II.
'KN541 플랫폼' 비즈니스 모델

KN541 플랫폼 비즈니스가 필요한 궁극적 이유

우리가 살고 있는 이 시대에서 사람들을 우울하게 만드는 가장 대표적인 원인은 단연 '물질적 빈곤'이다. 다른 사람과의 상대적인 물질적 차이가 사람을 더욱더 우울하게 만든다. 이러한 문제들로 인해 최근 몇 년 동안 삶의 의미를 상실한 사람들이 자신의 생을 마감했다. 그 숫자는 7만 5천 명에 이를 정도로 크다. 이라크, 아프가니스탄 전쟁에서 죽은 숫자보다 더 많은 수이다. OECD 국가 중 자살률 1위, 자살 공화국이라는 별명이 붙을 정도로 많은 사람이 자살을 하는 현실이 우리나라이다.

사실 물질적 빈곤은 개인의 문제만은 아니다. '국가'적인 차원도 있다. 사우디아라비아와 이라크처럼 석유가 나오는 산유국들을 보면 지하자원이 풍부한 만큼 국민들에게 돌아가는 혜택도 많다. 반면에 대한민국은 지하자원이 넉넉하지 못하기 때문에 국민들이 스스로 열심히 몸을 움직여 자신의 필요를 채울 수밖에 없다.

그런데 더 문제가 되는 것은 외부의 변화이다. 외국인들이 한국에 방문했을 때 가장 많이 듣고 놀라는 말이 있다. '빨리빨리'이다. 그만큼 우리가 살고 있는 '대한민국'은 빠르게 움직이고 있다. 물론, 이러한 습관 때문에 세계적으로 IT 강국으로 성장할 수 있었다. 이런 숨 가쁜 변화는 한국을 '원조를 받는 나라'에서 '원조를 주는 나라'로 탈바꿈하는 기적을 이뤄 내기도 했다. 문제는, 사회가 너무도 빠른 속도로 진행되다 보니 다수의 사람은 변화에 적응하지 못한다는 사실이다.

사회는 '따라가지 못하는 사람'들을 기다려 주지 않는다. 빠른 변화에 발맞춰 나가는 사람들에게는 더할 나위 없이 좋은 기회일지 모르지만, 외부 변화에 빨리 대처하지 못하는 사람들은 힘들어질 수밖에 없다. 사정이 이렇다 보니 '빈익빈(貧益貧) 부익부(富益富)'는 계속 심화되고 있다. 부자는 계속 부자로 살고 가난한 사람들은 계속적으로 가난에서 벗어나기가 힘들어지고 있다.

이러한 사회적인 격차를 줄일 수 있다면 좋겠지만, 사실상 어렵다. 지하자원이 풍부하면 사회를 이루는 복지정책의 부담도 크게 줄 것이다. 하지만 사정이 그렇지 못하다 보니 그 부담은 고스란히 국민들의 것이 되고 있다.

이러한 상태를 바꿀 수 있는 것은 '지식(정보)'이다. '지식'은 곧 '자산'이다. 유의할 점은 그 '지식'은 새로운 지식이어야 하고 앞서가는 지식이어야 한다. 문제는 그러한 지식은 이미 앞서가고 있는 사람, 권력가에게만 주어진다는 사실이다. 많은 사람이 현재 자신의 상태를 매우 두려워하고 있다. 앞날을 어떻게 설계해 나가야 할지조차 모르는 사람들도 많다. 그런데 사회가 너무나도 빨리 돌아가는 탓에 가난한 사람들은 계속해서 가난에 찌들어 산다.

가난에서 벗어나기 위해 '지식'을 선점할 필요가 있다. 새로운 정보나 지식은 자신의 삶을 크게 바꿀 수 있다. 하지만 우리 사회에서 그러한 지식이나 고급 정보들은 권력자들에 의해서 철저히 통제되고 있다. 이런 불공평함은 어려운 사람들의 상황을 계속해서 악화시키고 있다. 균형 잡힌 사회를 이루기 위해서는 이러한 지식(정보)은 고르게 분배되어야한다. 그렇게만 된다면, 모든 사람이 삶을 살아가는 데 있어 많은 염려를하지 않고 살아갈 수 있게 될 것이다. 재정적인 변화와 부를 만들 수 있는 지식이 특별한 사람들이나 권력가들에 의해 방해받지 않고 보편적으로 전달될 수 있다면 우리의 사회는 지금보다도 더 건강한 사회가 될 것이다.

경색되어 있는 지금의 시장 상황을 'KN541 플랫폼'으로 타개하게 될 것이다. 나는 미래 지향적인 기업들이 앞으로도 계속 'KN541 플랫폼' 비즈니스를 통해 자신들의 이윤을 추구해 나아갈 수 있을 것이라고 생각한다.

KN541을 통해 세상을 보라

㈜KN541 플랫폼의 KN은 Kononia의 이니셜이다. Kononia는 그리스어로 교제 또는 공동체를 의미한다. 소비 공동체를 통해 미래가 요구하는 공유 경제 모델을 한발 앞서 실천하고 상호 교류하는 유기적인 관계의 삶을 지향하고자 선택하였다.

기존의 '플랫폼' 비즈니스에 '녹색 환경'이라고 하는 모토를 더한 것이 'KN541'의 **기본적인 발전 방향**이다. 앞으로 'KN541'의 전망은 매우 밝다. 'KN541'이 대세가 될 수밖에 없는 이유는, 점점 더 환경적인 문제에 많은 사람이 관심이 기울일 수밖에 없기 때문이다. 환경에 관심을 기울이지 않는 기업들은 사람들로부터 외면당하고 있다. 그리고 이러한 사회적 경향은 계속 넓어지고 있다.

남극의 빙하가 녹는다거나 섬나라들이 가라앉는 식의 이야기들은 이미 오래전부터 이슈가 되었던 부분들이다. 2013년에는 인천 송도에, 아시아 최초로 녹색기후기금(Green Climate Fund)이라는 환경 관련 국제기구가 유치되었다. GCF는 UN 산하의 국제기구이다. 온실가스로 인한 기후 변화에 대응하고, 선진국들이 기금을 마련해서 개발도상국의 기후 변화로 인한 피해를 돕는 '온실가스 감축'을 위한 국제적 기구이다.

환경 문제가 심각해지다 보니, 국가적인 차원의 규제들이 계속 만들어지고 있는 것도 당연하다. 현재에도 기업에서 나오는 물품이나, 그것을 담는 포장재가 재활용되거나 환경을 생각하지 않는 것들로 만들어져 있다면 기본적인 세제 혜택을 받는 면에서 많은 제한을 받게 된다. 그뿐 아니라 기업으로서는 소비자들에게 좋은 인상을 주는 면에서도 성공하기가 어려운 형국이다.

하지만 환경을 지키고 보존하는 것은 생각만큼 쉬운 일은 아니다. 마음은 지키고 싶어도 개인으로서는 번거롭고 귀찮은 일이기 때문이다. 실제 많은 사람이 일회용 종이컵 대신 머그컵을 쓰는 것조차도 많이 번거로워한다. 일회용품의 편리성 때문에 더욱 그런 일들이 귀찮게 생각되는 것이 사실이다. 하지만 만약, 환경 보존이나 환경보호가 개인에게 '금전적 이익'을 주는 이해구조가 된다면 어떨까? 자연보호에 관심을 가진 '모두'가 이 일에 참여하게 될 것이다.

'녹색 환경'이라는 화두를 가지고 그것을 플랫폼에 적용한다면 기업은 성공할 수밖에 없다. 미래 지향적이면서 자연스러운 아이디어이기 때문이다. '그린 산업'과 '플랫폼 비즈니스'는 그런 면에서 찰떡궁합이라고 할 수 있다. 플랫폼 비즈니스를 통해서 나오는 이익 부분을 고객에게 '되돌려주는' 시스템은 그래서 중요하다. 거기에는 **우리의 살길**이 있고, 사회 전반 문제들의 **해결책의 집합**이 존재한다. 필시 그렇게 만들어진 사회적 움직임은 새로운 가능성에 따른 **흥분의 공간**을 만들어 낼 것이다.

KN541 특징 1: '킬러 콘텐츠'

한번 콘텐츠가 설정이 되면 다른 콘텐츠들을 덮어 버린다. 이유는 누구나 수긍할 수 있는 콘텐츠이기 때문이다. 환경보호라는 자연스러운 생각은 모두의 수긍을 이끌어 낼 것이 너무나 뻔하다. 거기에 더해 이 '킬러 콘텐츠'는 **뜻밖의 재미**를 가져다줄 것이다. 재미있는 것을 비즈니스 모델로 삼는 기업이나 개인들에 의해 보다 더 행복한 세상이 만들어질 것이다.

'KN541'은 '생산 소비자 융합'을 만들어 낼 것이다.

신제품이 나오게 되면 95%가 시장에서 사장이 된다. 성공 확률은 5% 정도밖에 안 된다. 잘못된 시장 논리의 구조에서 발생하는 95% 비용은 사회적 분담으로 모두 국민들 몫이다. 소비자들이 뭉친다면 생산과 융합을 통해 이러한 모순된 유통구조를 바꿀 수 있을 것이다.

또 하나는 '구매 동시 지분 참여'를 할 수 있게 될 것이다.

제품 생산 시 먼저 만들어야 할 수요 시장의 구매 비용을 고객 투자 가치로 하여 생산자와 파트너십을 통해 물품 구매 대금이 생산 지분으로 참여하게 되며, 소비자가 생산의 주체가 되어 생산의 잉여를 배분받을 수 있게 되는 구조이다. 생산자 입장에서는 수요 시장을 확보하기 위한 비용을 들이지 않아도 되고 재고 부담 없이 안정적인 공급을 할 수 있게 되므로 생산에만 집중하면 된다. 이러한 시스템은 지금까지 전무후

무한 것이다.

마지막으로 '소비는 곧 수익'이라는 개념을 가능하게 할 것이다.

지금까지 소비를 통해 유통과 생산이 부를 창출했다면 그린을 통해 뭉쳐진 소비자들이 생산을 주도하는 주체가 되어 기존 유통구조에서 발생하는 비용들을 'KN541의 시스템' 안에서 일정 부분은 환경을 사랑하거나 보호하는 데 사용하게 되고 그중 일부 운영 비용을 제외한 모든 수익금을 소비자의 몫으로 한다. 쓰면서 돈을 버는 이론이다. '환경'이라는 것을 모토로 이러한 비즈니스를 전개한 사례가 없었다. 차별화가 되어있는 콘텐츠인 것이다.

KN541의 특징 2: '연계 콘텐츠'

이것은 지구를 사랑할 수 있는 연계 콘텐츠이다. KN541에 가입하고 이곳의 회원이 되면 그 자체가 환경보호에 직접적인 영향을 끼친다. 우선 회사는 **'녹색 정보를 제공'**한다. 《그린타임즈》라는 신문을 통해 정보를 제공하게 되며, 사람들은 이를 통해 환경보호와 관련된 새로운 아이디어를 얻게 될 것이다. 당연히 기업들은 이 녹색 정보 신문을 통해 기업을 알리려고 할 것이다. 상대적으로 봤을 때 환경보호를 우수하게 실천하는 기업들이 이 소식지에 등재되거나 소개되는 경우가 많아지게 될 것이다.

또 다른 특징은 'KN541'을 통해 **'녹색 교육'**을 진행한다는 것이다. 현재, KN541의 모체라고 할 수 있는 '㈜그린플루언서운동본부'는 그동안 환경 교육 교재를 차시별로 만들어 방과후 학교, 재량 수업, 유치원, 학부모 대상으로 환경 교육을 진행해 왔다. 이러한 움직임은 단순한 운동에 불과한 것이 아니다. KN541의 인프라를 사용해서 학교, 지자체, 범사회적인 녹색 교육을 앞으로도 꾸준히 진행하게 될 것이다. 녹색 강국을 지향하고자 하는 국가정책 사업과 연계된 'KN541'의 이와 같은 활동은 성공할 수밖에 없다. 사회적으로 지향해야 할 자연스러운 흐름을 연계시키는 콘텐츠이기 때문이다.

마지막으로 KN541을 통해 범사회적인 **'녹색 캠페인'**이 전개될 것이다. 사회적으로 환경 보존이나 자연보호를 실천할 수 있도록 홍보를 하고 그런 것들을 통해서 회사에 유익이 되고 개인에게 이익이 될 수 있는 방식의 캠페인을 지속적으로 전개할 예정이다.

KN541의 특징 3: '문화의 장', 녹색 생태계

KN541은 '문화의 장', 녹색 생태계를 만들어 갈 것이다.

우선적으로 환경보호를 위한 **'각종 솔루션을 제공'**할 것이다. 환경보호를 하기 위해 필요한 것들을 자체 생산하거나, 어떻게 하면 지구 사랑을 실천하면서 동시에 자신의 '실제 생활'에 도움이 될 수 있는지, 그 방법들을 제시할 것이다. 예를 들어, 세탁법이라든지, 환경에 전혀 해가 되지 않는 세제로 설거지를 하는 등의 방법들을 공유하는 식이다. 그 외에도 환경보호와 관련된 연계 단체를 통해서 환경적인 문제를 해결할 수 있는 치료책들을 계속해서 제공하게 된다.

또 하나는 **'오프라인과 온라인을 연계한 콘텐츠'**를 제공하는 것이다.

'㈜그린플루언서운동본부'를 통해 각자 삶의 질을 높이기 위한 구조를 만들어 갈 것이다. 온라인과 오프라인을 연계한 행사, 이벤트, 캠페인, 교육 등 우리 사회에 아우러져 있는 문화적 요소들을 지구 사랑으로 재구성하게 될 것이다.

또 다른 하나는 **'녹색 커뮤니티를 통해 새로운 부 창출'**을 열어 가는 것이다.

30대 재벌이 보유한 자산이 597조이며, 10대 재벌이 보유한 자산이 190조이다.

이렇게 부의 편중 현상과 양극화가 심화되어 있는 시장경제에서 녹색 소비자들이 뭉쳐 유통과 시장 질서를 바꾸어 나아가게 될 것이다.

소외된 많은 사람에게는 새로운 시장에 따른 기회 제공과 삶의 활력

을 더해 주게 되고 새로운 부 창출 시스템을 열어 나갈 수 있는 길을 제
시하게 될 것이다.

III.
'KN541'의 이해

생소한 이론, 생소한 혁명

'환경보호'를 모토로 하는 KN541 소비를 통해 부(富)의 재분배와 재정적 안정의 기회들이 주어진다는 개념은 이전에는 결코 볼 수 없었던 완전히 색다른 '생소한 이론'이자 '생소한 혁명'이다. 동시에 '생산자'와 '소비자'를 차원 높은 시스템에 의해 묶어 준다는 의미에서 '생산+소비 융합'이다.

생소함 1:
이전 시대에는 없었던 전혀 다른 패러다임으로 접근해야 이해할 수 있는 시장경제 논리.

생소함 2:
유통이나 관리 조직의 거품을 제거하고 생산자와 소비자를 한자리에서 만나게 하는 시장의 움직임.

이어지는 내용을 통해 이와 같은 '생소함'에 대해 좀 더 구체적으로 하나씩 설명을 풀어 보기로 하겠다.

소비 패턴의 변화 - 소비자의 역할

시장경제는 크게 세 가지 영역으로 나눌 수 있다. 제조 영역, 관리 영역, 유통 영역이다. 그런데 사람이 하던 제조 영역을 이제는 '로봇'이 대신하는 시대가 되었다. 관리 영역도 예전 같으면 수백, 수천 명이 하던 일들을 컴퓨터 앞에서 한 사람이 모두 할 수 있게 되었다. 유통 영역도 시대의 흐름에 따라 오프라인에서 '온라인'으로 전환되어 가고 있다. 시스템이 단순화되면서 많은 사람 없이도 운영이 가능한 시대가 되었다.

앨빈 토플러는 《제3의 물결》이라는 책에서 2050년이 되면 위와 같은 세 가지 영역이 성인 인구 5%만으로도 운영 관리가 가능할 거라고 했다. 이 말대로라면 95%의 사람들은 할 일을 잃게 된다. 시장 논리로 말하면 쓸모가 없어진다는 얘기다. 내가 여기서 말하고자 하는 것은 95%의 사람이 쓸모없어진다는 얘기가 아니다. 95%의 사람으로 **새로운 가치를 만들어 낼 필요가 있다는 것**을 말하려는 것이다.

소비가 되어야 생산을 가동하게 되고 경제가 순환이 된다. 소비가 되지 않으면 생산은 멈추게 되고 경제가 마비될 것이다. 소비가 있기 때문에 제조, 관리, 유통도 필요한 것이다.

소비가 얼마나 중요한지를 알 수 있는 지표가 있다. 경제를 순환시키기 위한 '국가 소비 촉진 정책'이라는 것이 있다. 이것은 국가적으로 문화를 통해 소비를 촉진하겠다는 노력이다. 문화를 통해 상업을 파생시켜 경제를 순환시키겠다는 것이다. 국가가 국민들을 대상으로 소비를 촉진하기 위한 정책이라고 할 수 있다. 이것을 통해 알게 되는 것은 국가를 움직이고 활성화시킬 수 있는 방법이 제조, 관리, 유통이 아니라 소비에 있다는 것이다. '소비'를 통해 또 다른 이익 창출이 가능하게 됨을 알 수 있다.

• 경제순환을 위한 '국가 소비 촉진 정책'

제1열: 문화 생산

제2열: 정보 서비스

제3열: 제조

제4열: 농업

소비 속성 1: 갈수록 소비의 중요성이 높아진다

앨빈 토플러의 《제3의 물결》에서 시대의 흐름에 대해 정리된 내용들을 보면 우리가 살고 있는 시대를 첫째, '세계화는 가속화되는 시대', 둘째 '공급 과잉의 시대', 셋째 '달러 중심의 시대', 넷째 '브랜드 가치가 파워로 연결되는 시대', 다섯째 '핵심 역량을 보유한 전문가 집단이 주도하는 시대', 여섯째 '핵심 기능을 제외한 모든 분야 아웃소싱 시대', 마지막으로 '소비자의 파워가 막강해지는 시대'라고 했다. 또한 조지 오웰은 《1984》란 책에서 "세계는 3분화가 되는데 한쪽에서는 생산을 하고 양쪽은 끊임없는 전쟁을 통해 생산과 소비 균형을 이룬다."라고 했다.

결국 이 얘기는 소비의 비중이 굉장히 커지는 시대가 도래했고 진행 중이라는 말이다. '소비'라고 하는 자체가 시장을 움직일 수 있는 막강한 힘이 된 것이다. 세상은 바뀌어 가고 있고 소비자의 비중이 점점 더 강해지고 있다. 따라서 필요한 것은 '소비를 통해서 또 다른 가치를 만들어 내는 것'이다. 단순한 소비만 할 게 아니라 '또 다른 가치'를 만들어야 한다.

소비 속성 2: 21세기 소비
'삶의 질 향상', '생산의 주체', '경제순환의 연결 고리'

기존의 소비생활에 대해 어떻게 생각하는가? '소비'라고 하는 것은 욕구를 충족시키기 위해 필요로 한 물자나 용역을 이용하거나 소모하는 것이다. 그런데 21세기에는 이러한 소비문화가 달라질 필요가 있다. 필요에 의해 단순히 '이용'하거나 '소모'하는 식의 '소비'는 예전의 이야기이다. **'소비 활동으로 인해서 삶의 질이 향상'**되는 것이 앞으로의 지향점이라고 할 수 있다.

똑같은 신발과 옷을 만든다고 봤을 때 '소비자'가 있다는 것은, 더 좋은 제품을 만들도록 생산자들 간에 경쟁을 부추기는 일이 된다. 이전의 '생산 주체'였던 기업들은 본연의 의무에 충실하고 제품을 더 잘 만들게 될 것이다. 이제껏 생산과 유통이 소비를 주도했다면 이제는 생산의 방향성을 주도하는 것은 **'생산의 주체'**인 **'소비자'**인 것이다.

이제는 예전처럼 물건을 만들어 놓고 필요한 사람들이 찾아오게 만드는 식의 시대가 아니다. 소비자의 요구가 점점 더 많아지고 물건 공급도 과잉되다 보니, 소비자가 디자인이나 가격 면을 꼼꼼히 따져 보고 고르는 시대가 되었다. 그만큼 소비자가 중심인 시대가 되었다. 소비자의 선택에 따라서 사회의 삶의 질은 향상되고 있다. 더 좋은 옷, 더 좋은 신발, 더 좋은 음식 더 좋은 집, 이러한 것들을 기업은 소비자의 입장에서 만들지 않는다면 도태될 수밖에 없다.

이전 시대는 생산은 생산자가 하고 소비자는 그냥 있는 걸 골라 쓰는 식이었다. 하지만 지금은 그렇지가 않다. 소비자의 의견이 반영되어 소비자가 필요로 하는 제품이 어떤 것이냐에 따라 제품의 형태, 품질, 기능이 좌우되고 있다. 무작정 생산자의 생각만으로 만들어지는 틀은 이제는 깨졌다고 봐도 무방하다. 그렇기 때문에 가격은 저렴하면서 속도는 빠르고 훨씬 더 능률적인 제품을 만들기 위해 모든 기업이 노력하고 있다.

소비자가 무엇을 원하는지의 성향이 반영되어 생산에 영향을 주는 형국이다. '소비자'는 모든 시장경제의 흐름 안에서 가장 중요한 주체이다. 소비하지 않으면 생산도 무의미하기 때문이다. '치고 빠진다'는 식의 얄팍한 기업은 살아남을 수가 없다. 기업이라면 지속 가능한 성장을 할 수 있어야 한다. 일회용식의 기업은 결국은 사라질 수밖에 없다.

아주 중요한 사실은 제조나 유통, 관리에 있어서 그에 속한 인력이 줄어드는 것은 '이상한 현상'이 아니라 '당연한 흐름'이라는 점이다. 소비가 또 다른 소비를 촉진하는 시대가 되어야 한다. 그리고 지금 현재도 사회는 그렇게 변해 가고 있다. 단순한 필요에 의해 물건을 사는 시대는 이제 지났다. 소비에는 사람들의 취향의 문제가 결부된다. 공급 과잉 현상이 일어나면서 또 다른 소비 형태를 만들고 있다. 과거에는 생산이 소비를 만들었는데 이제는 점점 소비가 또 다른 소비를 만들고 있다.

'경제순환의 연결 고리'로서 소비자들의 비중이 커지고 있다는 걸 알 수 있다.

'경제순환'은 연결 고리가 있어야 한다. 자금의 흐름이라든가, 원자재의 회전이라든가 하는 것들은 결국 경제순환의 한 과정이다. 이 모든 것이 순환 가능한 것이 되도록 하는 것이 바로 소비이다. '소비자는 생산의 주체이면서 경제의 주체'이다.

시장경제 - 기업 속성

이쯤에서 기업에 있어서 소비자의 가치가 무엇인지 생각해 봐야 할 것 같다. 우선, 고객이 없는 기업은 존재할 이유가 없다. 고액의 광고를 하고 물건을 만들어 유통하는 이유도 모두 고객 유치 때문이다. 그런 면에서 **'고객'**은 기업에 있어 **'존재의 이유'**이다.

모든 기업의 이윤은 고객(소비자)을 통해서 나온다. 기업은 이윤을 얻기 위해 많은 광고와 마케팅 비용을 들여야 한다. 이러한 비용을 감소시켜 소비자에게 환원할 수 있다면, 기업의 이윤을 줄이지 않고도 고객에게 혜택이 돌아갈 수 있다면, 기업의 가치나 시장의 구조는 확실히 달라질 것이다. 이 부분에서 바로 'KN541'이 생산자와 소비자 사이를 융합할 수 있는 **'핵심 가치'**라고 할 수 있다.

기업은 처음에 사업을 시작할 때 '고객이 과연 이 제품을 구입할지 안 할지'를 갈등한다. 충분히 시장성을 고려한 뒤 물건을 만들어 내기 시작한다. 이것은 사업의 기초이고 기업이 상품을 만들어 내는 이유이다. 지금까지는 유통, 생산이 시장경제의 주체가 되었고 유통업자들이 많은 부를 가지고 갔다.

하지만 "고객이 사업이 기초이자 기업의 존재 이유가 된다."라고 봤을 때, **부 창출은 '소비자'**가 해야 한다고 생각하는 것이 이상한 생각일까? 나는 그렇지 않다고 생각한다. 이것은 또 다른 생각이면서 새로운 참신한 발상이다. 그럼 과연 소비자에게 돌아갈 이윤을 어떻게 창출할 수 있을까?

　기업은 손해를 보거나 마땅히 돌아와야 할 이윤을 줄여서 소비자에게 주지는 않을 것이다. 하지만, 유통 과정과 광고 비용을 줄이면 기업의 손해 없이도 충분히 소비자에게 이윤이 돌아갈 수 있도록 할 수 있다. 우리는 매일 개인당 3,000여 회의 광고에 노출된다고 한다. '설마?!'라는 생각이 들 수도 있지만, 생각해 보면 그리 말이 안 되는 건 아니다. 웹 페이지 하나만 열어도 10개 이상의 배너가 달려 있다. 우리는 하루에도 그런 웹 페이지를 수십, 수백 개씩 보고 있다.

　소셜도 상황은 마찬가지다. 페이스북, 트위터, 유튜브에 들어가면 영상 최하단에 배너가 들어간다. 잘 노출이 되는 영상의 경우에 영상이 나오기 전에 다른 광고가 먼저 나온다. 한 시간 이상인 영상의 경우 중간중간 광고가 노출되어 있다. 이런 것들을 생각하면 소비자들에게 광고가 굉장히 많이 노출되는 것을 알 수 있다.

　우리가 매일같이 걷는 길거리에도, 신문, 잡지를 보더라도 모두가 다 광고다. 심지어는 택배를 받아도 택배 박스 하단에 광고가 붙어 있다. 대표적으로 우리가 매일 같이 접하는 TV를 봐도 15초짜리 광고들이 프로그램이 끝날 때마다 계속 나온다. 우리가 인지를 못 하는 사이 수많은 광고를 보고 사는 것이다. 이렇듯 우리는 하루 종일 광고를 접하고 산다고 해도 과언이 아니다. 우리는 말 그대로 하루 종일 광고에 노출되어 살아간다. 활동량이 많은 사람들일수록 더 많이 광고에 노출된다. 결국 광고나 유통 과정의 비용을 줄일 수 있다면 그 막대한 비용을 소비자에게 이윤으로 돌려줄 수가 있다.

광고는 일종의 세뇌이다. 익숙해지면 사게 되는 것이 사람 심리이다. TV 속 광고에서 라면이나 과자가 계속적으로 노출이 되면 사람들은 익숙해지고 결국 그것을 사게 된다. 무의식적으로 구매를 하게 되는 것이다. 이러한 비용들이 모두 제품 가격에 포함되어 있기 때문에 그동안 소비자들이 그 비용을 모두 감당했다.

광고 비용을 줄이고 유통 과정에 들어가는 80~90%의 비용을 줄인다면, 그러한 과정에서 생긴 이윤을 고객들에게 돌려줄 수가 있다. 고객은 이로 인한 이윤 창출이 충분히 가능하다. 'KN541'은 소비자에게 마땅히 돌아가야 할 이윤들을 어떻게 효과적으로 돌려줄 수 있는지를 알리는 지표가 될 것이다.

이제, 새로운 부의 창출이 어떻게 가능한지를 좀 더 자세히 알아보기로 하자. 당신은 필시 놀라게 될 것이다.

생산 속성 1: 친환경으로 갈 수밖에 없다

고객이 '선택'을 할 수밖에 없는 제품은 지속적으로 '생산'될 수밖에 없다. **'고객의 선택'은 곧 '생산'**이다. 이것이 시장 논리 안에서의 생산 속성이다. 어떤 기업이 특정 제품을 하나 개발했다고 하자. 생산자의 입장에서 보면 하나의 '친환경 제품'을 개발하고 공급하는 데 예컨대 10억 정도가 들어갈지 모른다.

그런데 대부분의 사람은 무엇이 '친환경 제품'인지, 어떻게 이걸 구분할 수 있는지를 잘 알지 못한다. 그러다 보니 뭔가 하나를 고르더라도 일단 눈에 들어오고, 제일 먼저 손에 잡히는 것들을 선택하게 된다. 소위 이러한 소비 패턴은 '정상'이라고 생각되는 일반적인 소비 경향이다. 그런데 만약 먹거나 혀에 닿아도 될 정도의 인체 무해성이 검증된 우수 제품을 '정보'를 통해 '알게' 된다면 사람들은 어떤 제품을 선택할까? 당연히 조금 비싸더라도 인체에 무해하고 성능이 우수한 제품을 쓰게 될 것이다.

21세기는 웰빙 시대이다. 돈을 조금 더 주더라도 소비자들은 건강에 유익한 친환경 제품을 선택하려고 한다. 하지만 대부분의 소비자에게 그런 것들을 선택할 수 있는 지식은 많지 않다. 어떤 것이 웰빙 제품이고 그런 제품들을 어떻게 골라야 하는지를 모르기 때문에 무작정 선택하는 것이다.

이 문제는 간단한 교육을 통해서 해소시킬 수 있다. 매스컴이나 국가정책에 의해 얼마든지 해소가 가능하다. 'KN541'이 바로 그런 일을 추진하고 있는 것이다. 시장 논리 안에서의 '생산 속성'이라는 것은, 소비자가 선택할 수밖에 없는 제품이 성공하게 된다는 점이다. 정보의 나눔이나 공시하고 전시하는 과정들을 통해 시장 논리 안에서의 생산 속성은 충분히 바뀌는 것이 가능하다. 그런 일들은 지금도 일어나고 있다.

사람들은 같은 값이면 친환경을 고수하는 그런 제품을 선택할 수밖에 없다. 아니, 가격이 조금 비싸더라도 더 좋은 것, 몸에 해롭지 않은 것들을 선택하게 된다. 이런 시장 논리 안에서의 사람들 선호도의 흐름을 생각한다면 무엇을 생산할 것인지는 간단한 문제이다.

'KN541'로 생기게 되는 시장의 모습은 이렇다. 우선, '어떻게 하면 자연을 보호할 수 있을 것인가?'를 심도 있게 논의하게 된다. 아울러 소비자들의 제품 선택 흐름을 간파할 수 있게 된다. 범국민적인 교육이나 정보 제공 캠페인을 통해, 애써 광고를 하지 않더라도 소비자들이 알아서 녹색 제품을 골라 쓰게 된다. 마크만 봐도 알고 있으니 그 자체가 브랜드가 되는 것이다.

세상은 바뀌어 가고 있고 그 중심에 'KN541'이라는 새로운 도구가 있다. 시장의 방향성을 보면 'KN541'이 대세로 시장의 중심으로 자리 잡을 수밖에 없는 모양새가 되어 가고 있다. 시장은 그렇게 바뀌어 가고 있고, 사람들의 요구도 바뀌어 가고 있다. 그 안에서 소비자들의 필요를 충족시키는 조건과 시스템을 갖춘 회사만이 살아남을 것이다. 당연히 이것은 대세로 자리 잡을 수밖에 없다. 바로, 'KN541'이 꿈꾸고 바라보는 시장의 모습이다.

생산 속성 2: 마케팅 비용이 만드는 경제적 낭비

21세기는 멀티미디어 시대이다. 그러다 보니, 마케팅 비용으로 굉장히 많은 비용이 지출되고 있다. 전에는 공중파나 신문 지면의 광고가 전부였다. 그런데 여러 케이블 방송이 생기면서 사람들은 공중파 방송의 시청만 고집하지 않게 되었다. 오히려 케이블 방송이 더 재밌는 채널이 많다며 적지 않은 사람들이 케이블 방송을 시청하곤 한다. 이 말은 바꾸어 말하자면, 이제는 공중파뿐만이 아니라 케이블 방송에까지 광고 비용을 지출해야 한다는 이야기가 된다.

광고 비용이 점점 더 큰 비중을 차지하고 있다. 제품 생산과 유통 과정에 들어가는 비용을 모두 고려하더라도 광고 비용이 차지하는 비용이 더 크다. 이러한 막대한 광고 비용만 줄일 수 있다면 시장의 거품은 상당 부분 줄어들 것이다. 이와 같은 간접 비용을 소비자 개인의 이익으로 돌려줄 수도 있다. 물가가 계속해서 오르고 있는 이유도 어떻게 보면 광고, 마케팅 비용 때문이다. 어떻게 하는 것이 더 효과적인 마케팅 방법인지를 생각해야 할 때인 것이다.

보통의 광고 기법 중 하나는 바로 고객의 '감성'을 자극하는 것이다. 감동적인 광고를 보고 그 행위에 대한 동기부여가 되어서 제품을 쓰게 된다. 그런데, 마케팅 비용이 들지 않으면서 동시에 고객들의 감성을 자극할 수 있는 방법이 있다. 그건 기업의 이윤이 **'착한 일'에 쓰일 수 있다는 이미지를 결합하는 것이다.** 그렇게 하면 고객의 감성은 확실히 '자극'된다.

군이 광고를 보지 않더라도 어떤 제품이 자연 친화적이고 친환경적이며 환경보호에 중점을 둔 제품인지를 알 수 있게 해 주면, 기업은 '착한 이미지'를 가져갈 수 있다. 사람들은 그런 제품을 쓰려고 할 것이고, 그 제품은 감성적으로 쓰일 수밖에 없다.

환경보호 제품인 녹색 제품에 대한 사람들의 인식을 변화시킨다면 분명, 시장에 있는 경제적 낭비를 걷어 낼 수 있다. 이것은 자연스러운 흐름이고 마땅히 있어야 하는 흐름이다. 결과적으로 마케팅 비용으로 들어가는 비용을 걷어 내면서 우리는 경제적인 면에 있어서 상당 부분 부담감을 줄일 수 있게 된다. 경제적 이익은 소비자에게 돌아가게 될 것이다.

생산 속성 3: 생산 라인의 한계 - 리스크, 끊임없는 투자

생산 라인을 가지고 있는 기업이 감내해야 하는 비용적인 부분 가운데는, 그동안 살펴보았던 광고 비용이 가장 큰 비중을 차지했다. 그런데 이런 광고 비용 외에도 기업이 감당해야 하는 또 다른 큰 리스크가 존재한다.

어떤 제품이 소비자들의 관심을 끌 수 있을지 알 수 없기 때문에 실용적이라고 생각하는 제품을 '먼저' 생산할 수밖에 없다. 이러한 제품을 만들기까지는 많은 비용이 투자된다. 제품을 디자인하고 완제품으로 만들어지는 과정을 거치면서 인건비를 포함한 여러 가지 부대 비용을 투자하게 되는 것이다.

사정이 그렇다 보니 현실적으로 생각해야 하는 중요한 점이 있다. 그렇게 많은 비용을 투자해서 제품을 생산하였지만 소비자들에게 선택되지 않는 경우와 신제품을 만들었음에도 계속해서 고객들은 더 좋은 제품, 더 최신 제품으로 방향 선회를 한다는 것이다. 보통 신제품의 주기는 2개월에서 7개월 사이에 온다. 스마트폰의 경우에도 그렇고 다른 제품들의 상황도 마찬가지다.

보통 완성된 제품 하나를 봤을 때, 전자 제품의 경우 수익을 보려면 평균 20억 정도를 투자해야 한다고 가정해 보자. 그런데 20억이 회수되기도 전에 소비자들은 쉽게 싫증을 느끼고 다른 신제품으로 눈을 돌리는 경우를 많이 보게 된다. 결과적으로 생산 라인은 한계를 가질 수밖에 없다. 또한 막대한 광고비를 떠안고 가게 된다. 혁신적인 방법을 찾아내지 못한다면 이러한 악순환은 계속될 것이다.

기업은 까다로운 소비자의 관심에 맞춰 큰돈 들여 신제품을 만들어야한다. 그것이 소비자들의 관심을 끌 수 있을지도 모르는 상태에서 물건을 만드니, 그런 일련의 과정은 리스크가 클 수밖에 없다. 관심을 끌어도 투자된 금액만큼 회수가 될지는 아무도 모르는 일이다. 이 모든 과정이 기업 입장에서는 **상당한 위험을 감내해야 하는 '모험'**이다. 고스란히 실패를 통한 리스크는 기업의 몫이다.

이런 생산 라인의 한계를 해결할 수 있는 무언가가 필요하다. 소비자들이 특정 물품에 관심이 있는지 알 수 없고 주기적으로 새로운 상품에 눈을 돌린다는 것은 어제, 오늘의 이야기가 아니다. 이러한 위험을 지금처럼 계속 감수하기보다, 혁신적으로 이 점을 해결할 수 있는 방법이 필요하다.

나는 이러한 문제점들을 궁극적으로 해결해 줄 수 있는 것이 바로 'KN541'이라고 생각한다.

시대의 흐름 - 고객 확보가 먼저이다

앞에서 언급했듯이 소비자들의 욕구 변화는 점점 더 빨라지고 있다. 기업 입장에서는 그만큼 위험 리스크를 가지고 가야 한다. 그래서 플랫폼 비즈니스를 생각하지 않을 수가 없다. 이유는, 제품을 무작정 만들어 놓고 그 제품을 소진하기 위해서 고객을 확보하는 시대는 지났기 때문이다.

이제는 특정 물품을 만들기 전에 앞서, **고객부터 확보하고 제품을 론칭해야 한다.** 그렇게 고객들의 선호도에 따른 제품들을 생산할 수 있게 되면 그 기업은 큰 리스크 없이 안전하게 갈 수 있다. 플랫폼 비즈니스를 이용한다면 플랫폼 내의 고객들에게 상당한 광고 비용을 들이지 않고도 제품에 대한 안내와 공지를 할 수 있다. 의견 청취를 위한 베타버전 출시나 예약 판매도 가능할 것이다.

이러한 방법이 가능해지기 위해서는 고객들의 정보가 있어야 한다. 고객들의 선호 방향성에 대한 조사도 필요하다. 그런데 이 모든 것들이 플랫폼 안에서는 충분히 가능한 일이거나 이미 이루어져 있다. 플랫폼이 있다면 앞서 이야기한 것처럼 기업이 안고 가야 하는 리스크들을 생각하는 면에서, 마이너스 부분을 일부러 감내하지 않아도 충분히 미래를 감당해 나갈 수 있게 된다.

21세기는 제품을 만들어서 시장을 확보하는 시대가 아니라 시장을 만들어 놓고 제품을 만드는 시대이다. 물론 성공하기 위해서 선행되어야 하는 조건들이 있다. 우선, 수요 시장을 확보하기 위한 전초전이 필요하다. 그들이 관심 있어 하는 정보를 주어야 하고 재밌는 콘텐츠를 제공해 준다거나 모종의 혜택을 주어야 한다. 또한 '공동체 마음'을 느낄 수 있도록 '멤버십 서비스'를 마련한다면 그들이 필요로 하는 제품에 대한 정보를 근거로 기업 활동을 안전하게 할 수가 있다.

기업은 이와 같은 방법으로 그동안 마케팅 비용으로 들어갔던 막대한 비용을 줄일 수 있을 것이고 제품이 팔릴 것인지에 대한 위험 부담도 걸어 낼 수 있을 것이다. 그런 의미에서 플랫폼은 궁극적으로 21세기를 살아가는 힌트이자 방법이다. 그런 기업이야말로 망하지 않고 자신의 일을 꾸준히 할 수 있을 뿐만 아니라 활동 영역도 늘려 나갈 것이다. 플랫폼의 가장 큰 장점은 인프라가 줄지 않고 계속해서 늘어난다는 것이다.

나는 미래 지향적인 기업들이 앞으로도 계속 플랫폼 비즈니스를 통해 자신의 이윤을 추구해 나갈 수 있을 것이라고 생각한다.

'고객의 생애 가치'

　기업에 있어서 '비즈니스'라고 하는 것은 직접적으로는 '생산'을 하는 것에 포커스가 맞춰져 있는 경우가 많다. 하지만, 기업의 비즈니스는 실질적으로는 고객과의 관계를 만들어 내는 것에 있다. 특히 고객과의 관계에서는 세 가지에 관심을 기울여야 한다. **'고객 찾기', '고객 관계 맺기', '고객 관계 관리 강화'**이다.

　이 말은 우선 가치 고객을 찾아야 하고 고객과의 관계를 맺기 위해 가치를 제안해야 한다는 것이다. 또한 가치 네트워크를 구축함으로 인해 고객과의 관계를 지속적으로 맺고 강화해 나가야 한다. 이 세 가지는 지속적으로 유지되고 관리되어야 하는 부분이다.

　경희대 대학원 류치환 교수는 고객 평생 가치를 이용한 고객 등급화 모형 개발에 관한 연구에서 충성 고객 확보에 대한 필요성을 피력했다. 미국의 '도미노피자'는 기업의 충성 고객 1인당의 가치를 4,000달러로 보고 있다고 했고, 미국의 항공 업계는 1인당 충성 고객의 가치를 한화 9100만 원으로 산정했다고 한다. 한 사람의 충성 고객의 가치를 생각한다면 그 **충성 고객을 확보하는 것은 굉장히 중요한 일**일 것이다.

　로봇과 컴퓨터, 온라인이 새롭게 등장하면서 제조, 생산, 유통의 많은 종사자가 설 자리를 잃고 소비자로 남게 되었다.
　즉, 이것은 일자리는 좁아지고 소비 비중은 매우 높아졌음을 의미한다. 기업에 있어 충성 고객의 가치는 단순히 물건을 사 주는 사람 정도에 그치지 않는다. 그들은 기업을 위해 준비된 **'이윤 센터'**인 것이다.

만약 여러 단계를 통해서 연결되는 생산자와 소비자가 함께 모여서 거대한 소비 공동체를 만들 수 있다면 어떤 일들이 벌어질까?(사실, 이 부분이 '플랫폼'의 최대 강점이자 대표적 특징이라고 할 수 있다.) 이후 이어질 이야기들을 통해서 설명되겠지만, 기업은 앞서 언급했던 '고객 찾기', '고객 관계 맺기', '고객 관계 관리 강화'를 일괄적으로 관리할 수 있는 시스템을 갖춰야 한다. 하지만, 생산 활동에 바쁜 기업들이 이런 '시스템' 구축에까지 신경을 쏟는 것은 결코 쉬운 일이 아니다.

고객을 찾아서 관계를 맺고 강화하는 과정을 하지 않아도 고객과의 관계를 맺을 수 있는 시스템(툴)이 있다면 기업으로선 매우 유익할 것이다. 바로 'KN541'이 그런 툴이자 시스템이라고 할 수 있다! 기업은 이 툴을 이용해서 좀 더 빨리 성장하고 일을 유기적이고 효과적으로 할 수 있으며 생존과 관련해서 꾸준히 생각해 나갈 수 있을 것이다. 'KN541'의 가치는 아무리 강조해도 지나치지 않다.

'KN541'에 속해 있는 인프라들은 기존의 좋은 동기와 지향점을 가지고 시스템을 이용하는 것이므로 여러 강점을 가지고 있다. 회원으로서 그들이 가지고 있는 성향이나 선호하는 제품군들에 대한 이미 존재하는 정보를 통해 기업들은 안정적인 마음으로 생산 활동을 기획할 수 있게 된다. 그렇게 존재하는 '소비자군(群)'은 기업 입장에서 충분히 충성 고객이 될 수 있다. 기업들은 어떻게 이들을 이끌어 나갈 것인지만 생각하면 된다.

'KN541'을 통해, 기업은 충성 고객을 확보할 수 있는 교두보를 마련하게 된다. 비즈니스와 고객과의 상관관계를 일괄적으로 편리하게 관리할 수 있게 되는 것이다. 기업에겐 **'꿈의 도구'**인 셈이다.

소비자를 파트너로 선정   **평생 가치 개념**

- 기업은 죽기 살기로   - 고객의 생애 가치

경희 대학원 "류치훈 교수" (논문)

- 도미노 피자(1인 4천달러)

- 미국 항공사(1인 9,100만원)

충성 고객 확보가 기업 생존의 키워드이다

앞서 언급했듯이, 21세기는 **'고객의 생애 가치'**를 평가하는 시대이다. 소비자는 과거, 현재, 미래에도 준비된 완성자이다. 태어나서 무덤 속에 갈 때까지 얼마나 많은 소비 활동을 하는지 생각해 본 적이 있는가? 사실 우리는 엄마 뱃속에 생기기 이전부터 소비를 촉진했다. 남녀가 만나 데이트를 하면서부터 소비를 촉진시킨다.

생산자 입장에서는 소비자가 태어나기 전부터 소비 활동을 하기 때문에 소비자가 단순한 일회성 소비 주체가 아니다. 따라서 소비 활동을 할 수 있도록 기업의 브랜드에 익숙해지게 하는 것이 필요하다. 이런 면에서의 기업의 활동은 브랜드의 존재 가치에 익숙해질 수 있도록 파트너를 선정하는 것에 비할 수 있다.

결국 기업 입장에서는 고객의 평생 가치 개념에 의한 **'충성 고객'**을 확보하는 게 제일 중요한 일이다. 그렇게 해야 기업은 지속적인 성장을 할 수 있다. 개인의 인성이나 성품과는 관계없이 기업이 존재할 수 있는 생산 활동을 위한 소비자로서의 파트너는 따로 있다고 할 수 있다. 기업이 생존하기 위해 '충성 고객' 확보는 반드시 필요한 부분이다.

기업이든 개인 상점이든 고객을 확보하기 위해 여러 활동을 한다. 그중 불특정 다수에 의한 일괄적인 소비는 그다지 많은 도움이 되지 않는다. 중국집 같은 경우에 광고지나 스티커들을 사용해서 불특정 다수에게 광고를 한다. 그들 가운데 일부가 광고를 통해 음식을 사 먹는다. 그런데 그 '일부의 고객을 만나는 것'보다 더 중요한 것이 있다. 충성 고객을 확보해서 '지속적'으로 서비스를 이용하도록 만드는 것이다.

그렇다면 그들이 필요에 민감하게 반응할 수 있는 방법은 무엇일까? 요리를 잘하거나, 좋은 기능의 제품을 만드는 등의 액션은 기업이든 개인 사업자이든 1차원적인 노력에 불과하다. 핵심은 고객들의 정보를 통해 고객들이 원하는 게 무엇인지 알 수 있어야 한다는 것이다. 그렇게 한다면 고객으로 하여금 더 많이 감동하고 더 긍정적인 호응을 이끌어 낼 수 있게 된다. '충성 고객'은 그렇게 만들어진다.

플랫폼 비즈니스의 장점은 고객의 정보가 존재한다는 것이다. 고객의 성별, 좋아했던 상품의 유형, 실질적으로 필요로 하는 게 무엇인지 알 수 있으면 성공률도 그만큼 높다. 자동차나 보험회사는 고객의 DB를 활용해서 플랫폼 비즈니스를 하고 있다고 할 수 있다. 고객이 차량을 바꿀 시기에 미리 알아서 때마침 전화를 한다거나 하는 지속적인 관심은 그들이 실제 사용하는 충성 고객을 만드는 방법이다. 이것에 포커스를 맞춰서 더 나은 서비스를 제공한다면 그 기업이나 상점은 성공할 수밖에 없다.

기업이 살아남기 위해서 가장 필요한 것은 언제 찾을지 모를 불특정 다수의 고객이 아니다. 그들은 우리 회사를 좋아할지, 지속적 소비 활동을 할지 알 수가 없다. 우리 제품을 지속적으로 쓸 수 있는 위치에 있는 사람들인지도 알 수 없다. 결국 타겟팅된 '충성 고객'만이 살아남을 수 있는 열쇠이다. 기업이든 개인 상점이든 어떤 경우에도 마찬가지이다. 이것을 매우 용이하게 하는 것이 바로 플랫폼 비즈니스이다.

IV.
'KN541 플랫폼' 혁명의 시작

'KN541'의 미래

현재 운영되고 있는 'KN541 플랫폼'은 Director 541명을 최초 기여자로 하여, Formation이 완성 되었으며, 수개월 내 **'Club 2.000 멤버'**를 통해 '기초 심층 기반'이 구축되면 새로운 시장으로 그 기능과 역할을 하게 될 것이며 강력한 마케팅이 더해져 우리 모두가 기다려왔던 '부 창출 시스템'이 열리게 될 것이다.

'KN541'이 가치 있는 이유는 많은 석학이 '녹색은 전 인류 백 년 성장 동력'이라고 말하고 있기 때문이다. 이것은 우리가 앞으로 가야 할 길이고, 이미 가고 있으며, 아니 가면 안 될 길이다. 이것을 모티브로 한 우리의 시장은 열릴 수밖에 없다.

앨빈 토플러의 《제3의 물결》에서는 농경 사회를 농업 혁명이라고 했고 산업 사회를 산업 혁명, 정보 사회를 정보 혁명이라고 했다. 21세기는 저탄소 경제 혁명이다. 즉, '저탄소 경제 사회'가 열린 것이다. 이른바 **'녹색 혁명'의 시대**이다.

'녹색 성장'은 세상에 존재하는 모든 나라가 지향하고 있는 방향성이고 기업들이 나아갈 수밖에 없는 지표이다. 이것은 '현재' 이루어지고 있는 **'저탄소 혁명'**의 흐름이다. 이 혁명에는 부(富)의 가치가 흐르고 있다. 과거 농경 사회는 '농업'을 통해 부를 이루고, 산업 혁명 사회는 '산업'을 기반으로 부를 이뤄 냈다. 또한 근년의 정보화 시대는 '정보'를 갖춘 사람들을 부자로 만들어 주었다. 부의 흐름은 앞으로도 유사할 것이다.

세계의 모든 나라와 사람이 가진 인류적 방향성처럼, 녹색을 모티브로 한 산업이 살아남고 이길 수밖에 없다. 부의 가치 또한 녹색 성장으로 흐르게 될 것이다. 이것을 통해서 나라나 기업의 **지지 세력의 판도**도 바뀔 것이다. 이유는 녹색을 표방하지 않으면 존재감을 어필하지 못하고 매몰되는 시대가 되어가고 있기 때문이다.

이런 저탄소 경제 혁명을 통해서 변화의 물결이 생겨나고 있고 수요 시장이 계속해서 생겨나고 있다. 이런 시대적 흐름을 생각한다면 'KN541'은 앞으로 무한대의 경제적 가치가 있다고 할 수 있다. 여기에 참여를 한다는 건 시대적 흐름에 그 맥을 같이하는 것이다. 그리고 이러한 시대적 흐름은 개인에게 부의 흐름에 동승할 수 있는 기회를 제공할 것이다.

하이!
KN541

협력사	계열사	자회사
구매동시	구매동시	1+1
유통배당	유통, 생산배당	구매동시
		유통, 생산, 주식배당
시장이 원하는 제품	사전예약구매	자사제품
MOQ	OEM	JDM

파격적 혜택, 놀라운 시스템

'KN541'의 미래 가치에 참여한 멤버들이 가져가게 될 혜택들은 이루 말할 수 없이 파격적이고 놀라운 것들이라고 할 수 있다. 이어질 별도 페이지를 통해 언급되겠지만, 그동안의 경제 구조 안에서 기업이 가져가던 이익들의 상당 부분을 '개인'에게 분배하는 것이므로 개인으로서는 그 가치가 상상을 초월하는 정도에 이를 것으로 전망된다.

이러한 경제적 가치는 기존에는 기업의 단순한 사업 진행 비용이나 투자금 가치에 불과한 것이었지만, 개인에게 있어 이러한 가치는 **'인생의 터닝 포인트'**를 만들어 주는 정도의 가치라고 할 수 있다. '그린'을 모토로 한 인류적 가치에 호소하는 정신적 '지향점'은 자연스러운 '흐름'을 만들 것이 자명하다. 여기에 '플랫폼'의 폭발력이 가해지면서 시장의 구조는 한 차원 높은 성장을 하게 될 것이다. 'KN541'이 만들어 가는 시장의 모습은 실로 파격적이고 놀라운 것이라고 할 수 있다.

이러한 놀라움에 바로 당신도 함께할 수 있다. 당신은 누구보다도 의미 있는 존재가 되어야 한다. 최고의 '정신적 가치'에 최상의 '미래 가치'를 소유한 바로 그 '최초의 기여자'가 당신이라고 생각해 보라. 이것은 꿈에 불과한 허상이 아니다. 나는 당신이 눈앞에 펼쳐질 '새로운 미래'에 올라타기를 진심으로 바라고 있다.

KN541의 멤버십 구성

7월 KN541 샵 오픈을 시작으로 11월에는 **'세계 최초 자가 쇼핑몰'**이 개발, 오픈되었다. 이것을 필두로 명년 상반기 '그랜드 오픈' 때까지 매우 구체적이고 체계적인 활동들이 이루어질 것이다. '정형화'된 서비스를 하기 위해서는 이 일에 뜻을 같이하는 멤버십 구성이 필수이다. 기존의 단순한 단체를 구성하는 정도의 차원이 아니기 때문에 물심양면으로 'KN541'의 미래 가치에 힘을 기울여 줄 **'Club 2,000 멤버'**들이 필요하다.

KN541의 미래 가치는 거의 보장된 것이라고 할 수 있다. 페이스북이나 아마존, 그리고 마윈의 알리바바가 가진 플랫폼의 역동성에 더해, 그들이 가지지 못한 인류적 가치인 'Green'이라는 모토를 결합한 유일한 시스템이기 때문이다. 국내에서 이와 같은 시스템은 역대 이래로 시도된 적이 없다.

'KN541'의 멤버십은 시간이 흐름에 따라 더 치밀하게 구성되겠지만, 일단 **Club 2,000 멤버**, 정회원, 준회원, 일반회원 등의 구성으로 이루어질 것이다. 너무나 당연한 것이겠지만, 각각의 회원들에게는 회원들의 기여도에 따른 차등 혜택이 주어질 것이다.

'KN541' **Club 2,000 멤버**와 'KN541'을 구성하는 정회원들에게는 그에 상응하는 엄청난 경제적 가치와 미래의 비전이 제시될 것이다. 이러한 가치는 개인으로서는 이전 어느 때에도 생각지 못했던 상당한 수준의 미래 가치가 될 것이다.

준회원이나 기여도가 전무한 일반회원들에게도 'KN541'의 혜택은 있다. 'KN541'을 통한 단순한 소비 활동만으로도 일정 수준의 'KN541'의 배당 혜택들이 주어질 것이다. 바꾸어 말하자면, 와서 놀기만 해도, 댓글만 달아도, 좋아요, 구독만 눌러도 플랫폼을 통해 트레이닝복 한 벌만 사더라도 혜택이 주어지는 것이다. 이것이 바로 'KN541'의 최대 강점이다. 오히려 신나게 놀면 놀수록 배당 혜택들은 더욱 많아지게 된다.

가슴 설레는 '그랜드 오픈'을 향해 시간은 오늘도 자꾸만 흐르고 있다. 이 기회를 잡아채는 것은 오직 당신의 몫이다. 물리적으로나 문화적, 정신적 상위 클래스로의 도약의 기회는 아직 열려 있다.

하이! 541

(사)그린플루언서운동본부

(사)그린플루언서운동본부는 ㈜KN541 탄생의 모태이다. 'KN541'을 통해 만들어진 소비 공동체가 녹색 소비를 실천하고 녹색의 영향력을 행사하자는 의미에서 만들어진 환경부 (사)이다. 그동안은 청소년을 대상으로 지구 사랑을 어떻게 하면 좀 더 재밌게 실천할 수 있을지에 대한 방과후 학교와 재량 수업들을 진행해 왔다. 또한 교사들과 학부모를 대상으로 집체 교육을 하기도 했다.

기후 온난화라는 전 지구적인 위기를 극복해 보고자 사회 전반에 걸쳐 여러 시민 단체와 그린 파트너십을 체결해 지구 사랑 공동 캠페인을 진행하고 있다. 이런 시스템이 현재뿐 아니라 앞으로도 계속 발전하고 유지 가능한 데는 분명한 이유들이 있다.

우선, 공공 기관, 학교와 **그린 파트너십 체결**을 하게 될 것이다. 그렇게 공무원뿐만 아니라 그들의 가족, 학교와 관련된 여러 사람, 그리고 학부모들까지도 동시에 그린 캠페인에 참여할 수 있도록 할 것이다. 이런 인프라는 'KN541'이 계속적으로 힘을 발휘하도록 하는 데 기여하게 될 것이다.

두 번째로 '기업들과 **녹색 사회 공헌 협약**'을 체결하는 방식으로 인프라와 시스템을 만들어 갈 것이다. '(사)그린플루언서운동본부'를 바탕으로 녹색 환경 협의를 하면 기업의 관리자들은 이러한 운동에 참여를 할 수밖에 없다. 점점 정부 기관을 통한 규제가 시행되고 있고 환경 문제가 심각하게 다뤄지고 있는 시점에서 이 부분은 기업이 반드시 다루게 될 대세적 흐름이기 때문이다. 그들은 사내에 필요한 교육을 하게 될 것이다. 사내 교육을 진행하기 위해서는 'KN541'을 이용한 시스템이 필요할 것이고 결국, 기업을 구성하고 있는 인프라가 또 다른 가능성의 장이 될 수 있다.

세 번째로 국내에 존재하고 있는 각 단체와 전략적 제휴를 하고 **녹색 캠페인**을 공동 진행하게 될 것이다.

국내에 있는 기존의 이런 단체들과 함께 녹색 캠페인을 공동으로 전개하면서 사회적 합의를 이끌어 내는 것이 바로 '㈔그린플루언서운동본부'의 역할이다. 녹색 캠페인에 참여하는 단체들은 또 하나의 거대한 인프라로, 그들은 또 다른 소비자 그룹이 될 것이다.

단체들과의 **'그린 파트너십'** 체결은 세 가지 내용을 기본 구성으로 적용한다. 우선적으로 '환경 교육'을 무료로 제공할 것이다. 기업 및 단체 입장에서는 무료 교육을 마다할 이유는 없다. 오히려 고마울 것이다. 혹여나 이 부분을 등한시한다면 사회적인 입장에서 도태될 수밖에 없기에 받아들일 수밖에 없다.

또한 **'녹색 캠페인'**을 공동 진행하게 될 것이다. 재생 용지를 사용한다거나 이면지 사용을 생활화하는 식의 작은 일들에서 커다란 대외적 활동에 이르기까지 수많은 정보와 지침들이 만들어질 것이다. 그 외에 제품의 포장지를 재활용할 수 있는 방법들이나 오염을 줄일 수 있는 기업 차원의 정보들도 캠페인에 포함될 수 있다. 이러한 활동을 통해 기업은 사회적으로 도드라지게 되고 유리한 입장에 있게 된다. 기업이나 사회 각 단체 입장에서는 환영받을 일인 셈이다.

마지막으로 'KN541'은 《그린타임즈》를 통해 제휴 단체나 개인들에게 **녹색 정보를 제공하게 될 것**이다. 녹색 정보 및 녹색 캠페인, 녹색 교육 등 기업이나 개인들에게 유익을 가져다줄 프로그램들을 무료로 진행하게 된다.

이러한 시스템은 상당히 메리트가 있고 장래성이 보장된 플랜이다. '지구 사랑'이라는 최상위 테마를 이용한 수요 시장을 만들어 내기 때문이다. 분명 많은 기업과 단체가 이 일에 참여할 거라고 나는 자신 있게 말할 수 있다. 플랜 안에 이미 구체화되어 있는 기업들의 입점 혜택과 권리 수익은 모두 이 일을 위해 기여하는 초기 멤버들과 소비자들의 몫이 될 것이다.

《그린타임즈(녹색 정보지)》

《그린타임즈》란 온·오프라인 신문으로, 'KN541'을 모토로 하는 계열사 중 하나이다. 기업과 단체, 여러 공공 기관에 녹색 정보를 제공해 주는 곳이다.

명년 상반기 중 'Club 2.000'이 완성되면. 녹색에 뜻을 같이하는 사람들의 인터뷰가 진행되고 'KN541' 그랜드 오픈을 통해 '생소 융합'의 전 단계인 '사전 예약 구매' 시스템에 참여한 자회사, 계열사, 협력사 등과 새로운 시장이 도래하였음을 공포하게 될 것이다.

기존 메이저 신문 역할을 하고 있는 3대 일간지는 《조선일보》, 《동아일보》, 《중앙일보》이다. 이 중 제일 많은 신문이 발간되는 곳이 《중앙일보》이다. 구독자들은 30만 명에서 보이지 않는 영역까지 합쳐서 100만 명이 조금 안 된다고 한다. 《그린타임즈》 발행 시 구독 예상 인프라는 사회 각 단체 및 공공 기관 모두 합쳐 1,000만 명 정도로 가정할 때 매우 큰 가치라고 할 수 있다. 돈으로 산정할 수 없는 엄청난 영향력인 셈이다.

기업 입장에서는 상품을 알리기 위해서도 《그린타임즈》를 이용하게 될 것이다. 그로 인한 광고 수입도 생길 것이다. 이것만으로도 KN541 멤버들에게는 하나의 기회이다. 《그린타임즈》는 정보를 제공하게 될 것이고 그걸 모토로 한 녹색 활동을 하는 기업들은 소비자들에게 더 좋은 이미지를 알리는 계기가 될 것이다. 즉시 자체적인 광고 효과를 누릴 수 있게 된다.

《그린타임즈》가 각종 단체와 기업, 관공서에 배부되면 그곳에 방문하는 수많은 방문객을 통해 녹색 캠페인의 모토를 그들 모두에게 전달할 수 있게 될 것이다. 당연히 이로 인한 생기는 물질적인 이윤은 'KN541' 멤버 및 회원들에게 돌아가게 된다.

환경 운동을 열심히 하는 '착한 기업'이나 나무 심기, 자연보호를 하는 모범 사례 기업, 장애인에게 일자리의 기회를 많이 제공하는 모범이 되는 기업 등이 《그린타임즈》를 통해 소개될 것이다. 이것은 기업을 적극적으로 알릴 수 있는 아주 좋은 기회이다.

이렇게 많은 사람에게 손에서 손으로 정보들이 제공되는 동안, 어떤 기업이 모범적인 기업인지가 드러나게 될 것이다. 이것은 범사회적으로 좋은 변화를 가져올 것이다. 기업과 개인 모두에게 환경보호의 중요성을 알릴 수 있는 매우 중요한 도구인 것이다.

'KN541'과 멤버십

성공적인 플랫폼 비즈니스를 하기 위해서는 필수 구성 요소가 두 가지 있다. 두 가지 조건이 충족된다면 기업은 경쟁력을 확보할 수 있게 된다.

이미 언급했듯이, **웹을 기반**으로 해야 물류나 유통 과정에서 생기는 거품이 줄어들 수 있다. 즉, 이러한 비용들을 혁신적으로 줄일 수 있다. 웹을 통한 온라인 시스템, 금융 결제 시스템, 물류 시스템이 갖춰져 있어야 한다. 'KN541'은 이 모든 시스템을 갖추고 있다.

또한 소비자로서 **'소비 능력'**이 있어야 생산자인 기업과 협상이 가능하다. 나 홀로 생산자에게 "당신 제품을 평생 사용할 테니 나의 소비 능력을 인정해 지분 참여로 적용해 달라."라고 하면 생산자는 동의하지 않을 것이다. 이 말은 실질적으로 소비 능력을 갖춘 사람들의 **'인프라'**를 대상으로 생산자가 협상을 할 수 있게 된다는 것이다. 사회적 합의를 이끌어내는 이러한 접근은 사회를 더 평화롭고 발전적으로 만든다.

소비 능력이 있는 회원이 멤버십으로 기업을 대한다면 기업은 **'멤버십'**이라는 '고객의 무리(群)'의 의견을 반영해 특정 부류의 제품을 만들어 낼 수 있게 된다. 그렇게 만들어진 제품은 회원을 비롯해 일반 고객들에게 전달이 된다. 이렇게 생산자와 소비자와의 협상은 플랫폼 내에서만 가능하게 될 것이다. 일반 개인 소비자가 생산자와 협상할 수는 없다. 플랫폼 안에서는 멤버십과 소비자가 다르기 때문이다.

이 시스템이 안착하게 된다면 새로운 시장이 열리게 된다. 대기업은 어느 날 갑자기 우연히 생기지 않는다. 우여곡절의 과정을 통해 거대 고목으로 우뚝 서게 된다. 플랫폼 안에 있는 멤버십들을 통해 기업은 보다 수월하게 그런 큰 발전으로의 성장이 가능하게 된다.

그 밖의 비전 전략

'KN541'은 여러 가지 비전 전략을 가지고 있다. 우선 **'GF 연구소'**를 적극 활용할 것이다. 이곳은 녹색 운동을 어떻게 하면 체계적으로 진행할 수 있는지 연구하고 학술적으로나 과학적으로 접근하는 기관이다. 이러한 녹색 연구 개발 등을 통해 녹색 운동을 체계적으로 진행하게 될 것이다.

기존 정부 산하 **'1365 자원봉사포털'**과 연계하여 콘텐츠를 운영한다. 환경의 중요성에 따라 자라나는 청소년을 대상으로 봉사 활동을 인정해 주는 시스템이 될 것이다. 자원봉사포털에 **'봉사 시간**(초록 시간)'을 인정해 줄 수 있는 콘텐츠를 올리게 될 것인데, 이곳은 웹 기반의 동영상, 환경 교육 자료를 볼 수 있는 곳이다. 지금까지의 봉사 활동은 실제 단체나 기관에서 시행하고 있는 활동에 직접 참여를 해야 했다. 그런데 이제는 집에서도 봉사 활동을 채울 수 있는 웹 기반의 봉사 활동이 생겨나는 것이다. 이러한 방식은 국내 최초이고 세계 최초이다.

'㈜그린플루언서운동본부'는 또한 **친환경 녹색 아카데미** 법인을 통해 환경과 관련된 교육을 진행할 것이다. 이것은 하나의 교육법인이다. 환경 활동과 관련된 교육을 진행하는 곳이다. 이곳에서는 저탄소 사회 담당자 및 녹색 코디네이터 양성 등 라이센서를 준비하고 있다. 자격증을 취득한 사람들은 실제 공공 기관이나 기업에서 활동을 할 수 있도록 할 것이다.

이와 유사한 자격증은 이미 경제 선진국들은 활성화가 되어 있지만 우리나라에서는 필요성이 대두되고 있음에도 시행되지 않고 있다. 한국은 OECD 국가 중 환경 지수가 최하위이고 CO_2 배출 상승 속도 1위 국가이다. 이러한 문제점들을 봤을 때 당장 10만 명 정도가 필요한 상황이다. 일 년에 만 명이 되어도 십 년이 되어야 전 세계 수준을 따라갈 수 있다. 매년 1만 명을 양성한다면 국내 교육 업계에서 가장 부가가치가 높은 기업으로 성장할 것으로 기대한다.

현재 녹색 환경을 모토로 그것을 전문으로 교육하고 자격증까지 취득할 수 있는 교육을 진행하는 곳이 역시 **'그린플루언서'**가 모체로 추진하고 있는 사업 가운데 하나이다. 앞서 이야기했던 친환경 녹색 아카데미를 통한 교육을 수료하고 나면 **'학술원'**이 진행하는 **시험**을 통해 자격증 발급을 받게 된다. 자격증을 받은 사람들은 기업과 단체들의 환경 운동과 관련된 모든 일을 관리, 감독할 수 있는 전문가로 인정받게 될 것이다.

앞서 언급했던 모든 시스템의 바탕이 되는 것은 'KN541(포털)'이다. 이곳은 커뮤니티로서 각종 솔루션과 온·오프라인이 연계된 콘텐츠 등을 제공한다. 즉, 지금까지 이야기했던 'KN541'과 링크될 수 있는 그린 산업, 캠페인 등 많은 콘텐츠가, 'KN541'을 바탕으로 이뤄지고 있는 여러 가지 활동들에 어떻게 참여할 수 있는지 이곳을 통해 제시될 것이다.

2025년 상반기, **'Club 2.000 멤버'** 완성을 시작으로 하여 그랜드 오픈을 향해 모든 세부 시스템과 인프라들이 준비되고 있다. 지구 사랑 테마를 통해 이전에 언급되었던 천만 인프라의 10%인 100만 DB가 확보되었다는 전제하에 그 가치를 평가한다면 이는 실로 엄청나다.

'KN541'은 녹색 콘텐츠를 통해 여론이 공론화되고, 100만 명의 유저들이 '생산 소비자 융합' 시스템을 통해 사용하면서 **돈을 번다는** 이론이 앱과 각종 SNS를 통해 전 세계에 퍼져 나간다면 3년 혹은 5년 후에는 전 세계 20억 명 정도의 유저가 확보될 것으로 예상한다.

허무맹랑한 이야기라고? 절대 그렇지 않다. 이러한 이론은 이미 사례가 있다. 알리바바의 경우, 마윈이라는 창업주가 돈 한 푼 없이 시작한 사업이었다. 여기에 미래의 가치를 알아본 손정의라는 사람이 200억을 투자했고, 나스닥 상장을 통해 200억이 59조가 되었다. 2,950배가 된 것이다. 'KN541'은 한국판 알리바바가 될 것이라고 나는 감히 말한다. 오히려 인류적 절대 가치인 'Green'을 모토로 하고 있다는 데서, 'KN541'은 더욱 큰 가능성의 담금질을 하고 있다고 할 수 있다. 이미 상당 부분의 시스템이 구동 중이며 몇 개월 후 그랜드 오픈을 향해 쉼 없이 달려가고 있다.

지금까지 우리가 살펴보았던 여러 '툴'들을 가동하고 이미 가동되고 있는 'KN541'이 그랜드 오픈이 된다면 그 가치는 굉장히 커질 것이다. 이것은 참여자에게는 하나의 **위대한 기회**일 수 있고 사용자나 이것을 바라보는 사회에 있어서는 **지구를 살릴 수 있는 큰 방향**이다. 사람들의 의식 속에 자연보호를 해야겠다는 가시적인 느낌과 생각을 심어 줄 수 있는 매우 중요한 사회적인 혁명이 일어날 것이다!

가슴 설레는 그랜드 오픈

'KN541'의 명년 상반기는 매우 중요한 시점이다. '자가 쇼핑몰' 개발 완료에 따른 생소 융합, 사전 예약 구매, 그린티 상장, **Club 2,000 멤버** 완성, 그리고 그랜드 오픈.

그랜드 오픈이 되고 나면 많은 회사가 'KN541' 안에 있는 시스템을 이용해 자신의 기업 상품을 올리고 광고하게 될 것이다. 물론 KN541 Formation 541명 및 **Club 2,000 멤버**들은 광고 배당도 가져가게 된다. KN541의 기여자로서 최대의 수혜자가 될 것이다. 상품뿐만 아니라 여러 콘텐츠가 들어오게 된다. 여기에는 자연보호와 환경 사랑에 대한 교육 프로그램도 포함될 것이다.

앞의 표들에서 살핀 것처럼, 각종 콘텐츠에 대한 배당이나 수익은 모두 멤버십 회원과 소비자들의 몫으로 돌아간다. KN541로 특징되는(행위자 50%, 공유 40%, 기여자 10%)에 따른 판매 배당, 광고 콘텐츠 배당, 입점 배당, 사전 예약 구매 참여 배당, 커뮤니티 배당, 지구 사랑 배당, 생산 배당, 유통 배당, 주식 배당, GreenT 배당, 소싱 배당, 등의 수십 가지 혜택들은 모두 당신을 위해 때를 기다리고 있는 놀라움들이다. 물론, 일반회원으로만 가입해도 일정 수준의 혜택들이 있다. 사용하면서 돈은 벌 수 있는 이 이론은 시대의 흐름에 따른 고객 니즈(욕구)를 넘어 시스(가치)에 부응하기 위해 시작되었다. 어디에도 없던 녹색 활동을 모토로 한 플랫폼 비즈니스는, 경색된 시장을 순환시키고 소외된 사람들에게 희망을 주며, 양극화를 균형 있게 잡아 주고 비화폐 경제를 완벽한 시장 가치로 전환함으로써 대한민국을 글로벌 경제에 우뚝 서게 할 것이다.

이것은 새로운 형태의 기업 구조, 유통 구조라고 할 수 있다. 'KN541'을 이용해 제품을 사용하면 그 순간부터 공유 배당을 받을 수 있다. 앞서 이야기했지만 'KN541'에서 판매되는 제품들은 가격과 품질 면에서 우수하다. 또한 광고비, 유통 마진이 들어가지 않기 때문에 소비자에게 이익을 배분할 수 있게 된다. 기존의 유통시장은 완전히 바뀔 것이고 한국에서 시작한 이러한 시스템은 전 세계 유통 질서 체계를 바꾸게 될 것이다.

혹자는 소비자들이 어떤 방법으로 'KN541'에 **머무르게 될** 것인지를 의아하게 생각하기도 한다. 시중에 그렇게나 수많은 쇼핑몰이 존재하는데, 무슨 수로 소비자의 발을 'KN541'에 잡아 둘 수 있겠느냐고 말이다. 실은, 아주 기막힌 반전이 바로 여기에 있다. 'KN541'은 모든 구매자를 상대로 '국민주'를 발행해 1구좌씩 무상으로 지급할 것이다. 무상으로 지급된 이 주식은 KN541 플랫폼과 소비자(회원)들을 긴밀히 묶어주는 상징적 역할을 할 것이다. 소비자들은 이로 인해 'KN541'의 발전을 바라고 기대할 것이며 같은 상품이라면 훨씬 저렴하고 공공의 그린 모토를 실천하는 'KN541'의 상품들을 이용하게 될 것이다.

'가능성의 장'은 여기에서 그치지 않는다. 'GS25'나 'CU' 같은 형태의 오프라인형 '541 편의점'이 전국적으로 개설될 예정이다. 생산자와 소비자를 한자리에서 연결하는 이 같은 '저가형' 매장은 온라인에서의 혁명을 '오프라인'으로 확대하게 될 것이다. 참으로 가슴 설레는 미래의 모습들이다. 동네 편의점들의 비싼 가격대의 상품 유통은 'KN541 편의점'의 저가형 혁신적 유통 구조로 일대 파란이 일 것이다.

결국, 거기에 더해 'KN541'을 통해서 제품을 사용하는 소비자들도 굉장히 중요한 몫을 차지하게 될 것이다. 앞서 이야기했듯이 소비자의 비중이 높아지고 있다. 생산자와 유통은 간소화되고 결국 그 모든 것이 소비자의 패턴과 원하는 방향으로 바뀌어 가고 있다. 이것은 범지구적으로 도래할 **녹색 혁명**이라고 할 수 있다.

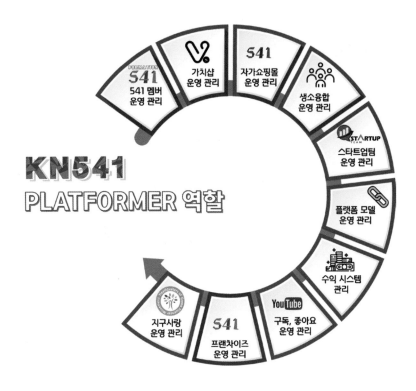

'KN541'에 의해 만들어질 단계적 발전 방향

하이!
KN541

주요 아이디
온라인 전방위 노출 공유

지구사랑
글로벌 네트워크 형성

국민 공모주
기업 이미지의 전국민적 확산

사업별 단행본
인문적 보편성 확보

생소융합논문
이론적 타당성 확보

V.
도전하는 영웅이 되어라

도전하라, 그리고 새로움을 맛보라

도전하지 않은 사람에게 세상은 아무것도 주지 않는다. 'KN541'과 관련된 참신한 아이디어도 마찬가지이다. 수개월 안에 조기 마감될 예정인 **'Club 2.000 멤버'** 멤버십 회원으로서의 기회는 어쩌면 두 번 다시 오지 않을 것이다. 이 세상 그 어떤 명분도 이와 같은 형식을 취하지 못했다. 모두가 공감하고 따라갈 수밖에 없는 '그린 메시지'를 모토로 하고 있기 때문이다.

또한, 이미 전개되고 있는 수많은 민간단체와 정부 단체 간의 쉼 없는 교류는 지금 구상되고 있는 'KN541'의 이상향을 가능한 것이 되도록 해 줄 것이다. 사람으로 이루어진 헤아릴 수 없이 많은 '인프라'는 현재 존재하고 있는 것이며 확실한 성공을 보장해 주는 '보증서'라고 할 수 있다.

많은 정부 관계자와 저명인사들이 'KN541'이라는 이 시스템의 구조적 아이디어를 듣고 보았으며 극찬을 아끼지 않았다. 그리고 환경보호와 관련된 강력한 캠페인을 'KN541'과 함께하기로 약속하였다. 누구도 거절할 수 없는 이 건전하고 투명한 명제 앞에 모든 사람이 고개를 끄덕이고 있다. 'KN541' 사업이 성공할 수밖에 없는 이유이다.

새로움은 또 다른 기쁨을 만들어 내게 되어 있다. 'KN541'이 만들어 가는 새로운 풍토는 사회를 변화시키고 더 나아가 세계를 변화시키게 될 것이다. 이와 같은 거대한 흐름에 당신이 함께 동참한다면 나로서는 더없이 행복할 것이라는 생각이 든다. 새로움의 분위기는 지금도 한껏 무르익고 있다.

바로 당신의 선택을 기다리고 있는 것이다.

기회는 아무에게나 주어지는 특권이 아니다

명년 상반기 그랜드 오픈은 'KN541'의 우리 모두에게는 무엇보다도 뜻깊은 사건이 될 것이다. 환경보호를 위한 사회의 흐름을 주도하는 대열에 가담하는 것이며, 아울러 상상하기 힘든 재정적 윤택함에 첫발을 내딛는 것을 의미하기 때문이다.

인생은 **'선택의 문제'**라는 말을 누군가 했었다. 하지만, 이것보다 더 진일보한 또 다른 말은 **'인생은 타이밍'**이라는 말이라고 나는 생각한다. 'KN541'이 만들어 갈 세상을 위한 **'Club 2.000 멤버십'** 회원이 되는 것은, 아무에게나 주어지는 특권이 아니다. 모든 오픈 과정은 수개월 내에 이루어질 것이며, **'소비 주권을 찾는 것이 곧 미래의 유통 방식'**임을 온·오프라인을 통해 전방위에 알리게 될 것이다. 다시 말해, **Club 2.000 멤버**에게 지급되는 광고 콘텐츠 배당 혜택은 어느 누구도 넘볼 수 없는 부러움의 히스토리가 될 것이다.

이전 내용들을 통해서 보았듯, 나의 이런 말들은 허무맹랑한 것이 아니다. '네트워크 마케팅' 회원 유치를 위한 입에 발린 말을 하는 것도 아니다. 'KN541'은 그런 것들과는 전혀 무관한 시스템이다. 회원을 모으거나 하위 구조를 이루는 인프라를 쫓아다녀야 하는 식의 피곤하고 어려운 형태의 사업이 아니다. 이미 'KN541'을 위한 일반회원 고객의 인프라는 널리고 널렸다.

기회는 **'취하는 자의 것'**이다. 당신과 나, 그리고 사회를 변혁하기 위해 뜻을 같이하기로 한 건전하고 깨끗한 의식을 가진 우리와 같은 사람들 말이다.

시대의 영웅이 되어라

나는 'KN541'에 참여하는 것이 **시대의 영웅**이 되는 것이라고 생각한다. 좀 지나치고 웃기는 생각 아니냐고? 절대 그렇지 않다. 'KN541'의 생각은 대한민국 전체를 위한 생각이자 아이디어이며, 온 세계를 뒤덮을 혁신적 철학이기 때문이다. 환경과 사람 그리고 재정적 자유를 함께 생각하는 이 같은 아이디어는 이전 어디에도 없던 전혀 새로운 종류의 생각이다.

그런 의미에서 'KN541'은 나와 우리를, 나라와 세상을 좀 더 건강하고 아름답게 치유힐 수 있는 솔루션이라고 말하고 싶다. 이제 내가 왜 당신을 **시대의 영웅**이라고 표현하는지 알겠는가? 당신이 나와 함께하게 될 'KN541'의 활동 영역은 이전 시대에는 절대 상상할 수 없었던 새로운 유통의 장을 만들어 갈 것이기 때문이다. 그 안에서 당신은 리더이자 선구자가 되는 것이다.

지금 이 순간, 나는 당신을 기다리고 있다.

에필로그 ────────────────

원고를 마무리하면서, 이전에 존재하던 시대 가운데 과연 지금처럼 'KN541'이 잘 들어맞는 시대가 있었던 적이 있었나 하는 생각이 든다. 어느 때보다 환경 문제가 심각하게 대두되고 있는 지금, 웹의 발달이나 온라인을 사용한 인프라를 이토록 자유자재로 활용할 수 있었던 시대는 인류 역사상 어느 때도 없었다. 이후의 시대 안에서 테크니컬한 과학과 기술은 더 많이 발전하겠지만, 환경 문제로 인한 자연의 훼손은 아주 심각해진 상태가 될 것이다. 지금이야말로 지구를 살리고, 우리를 살리고, 자연을 살릴 수 있는 최적의 상태인 셈이다.

얼마나 더 지구의 자연이 인간을 허용할 수 있을는지는 모르지만, 더 늦기 전에 우리는 우리의 집인 이 지구를 보호하고 보전하려는 노력들에 전심을 기울여야 한다. 그것은 아무리 강조해도 지나치지 않다.

이 안내서를 대중에게 내놓기 위해 여러 가지로 도움과 정신적 격려를 아끼지 않은 유은희 이사장, 그리고 묵묵히 믿고 기다림의 이익을 추구하기 위한 노력을 해 온 박근형 팀장, 교정과 영감을 주며 방향을 제시해 준 정영준 대표에게 감사를 전한다.

그리고 KN541 Project에 참여한 모든 분에게 경의를 표한다. 특히 시스템 개발과 시장 생태계 조성을 위해 노력해 온 '팀 대표' 정은숙, 이석규, 유미안, 윤정숙, 이성복, 김정자, 송미희, 조상현, 이의순, 김종현 그리고 운영 1호 김진순, 운영 2호 조한섭 이들은 'KN541 Project'의 영웅이며 새로운 시장을 열어 가는 선구자이자 개척자들이다. 나는 결코 이들을 잊을 수 없을 것이다.

미래의 비전과 가치를 공유하기 위해 최초의 씨앗을 뿌린 KN541 디렉터 및 정회원들에게 무한한 감사함을 전한다.

우리는 우리 주변의 사람들을 바라보며 눈을 맞추고 그들을 사랑하기 위해 노력한다. 그리고 그런 노력은 앞으로도 계속 이어져야 한다고 생각한다. 지구에 사람이 살아가는 전체 기간 동안 그런 과정은 되풀이되고 또 되풀이되어야 한다. 그러기 위해, 필요한 것이 바로 'KN541'이다. 이 시스템은 동참하는 개인을 윤택하게 할 뿐 아니라 사회와 지구인들을 감동하게 할 것이다.

나는 이 같은 감동적인 활동에 참여하게 될 당신을 깊이 사랑하고 존경한다.

딱! 좋아!
KN541은 소비자를 소비자로 살아있게 하는 시간, 깊어지는 가을 앞에서
우리 모두 행복해지기로 약속!!!

2024년 11월 어느 날
정차조

GreenT-Token

시장에는 건전한 투자 수단이 아닌 투기 수단으로 여겨지는 많은 디지털 토큰(가상자산)이 있습니다. 가치에 대한 이성적 판단보다는 마케팅 기회에 편승하여 그저 큰 이익만을 챙기려는 엉터리들이 넘쳐 나고 있습니다.

가상자산은 근본적으로 자산으로 인정받아야 하고, 생태계 및 희소성에 따른 가치가 주어져야 합니다. GreenT는 이러한 근본적인 문제를 해결하고 가상자산 시장을 선도하는 역할을 하며, 가상자산에 대한 실용성과 건전한 투자를 위해 6가지 역설적인 이해를 제안합니다.

첫 번째, 시장경제 생태계

하나, 실물 경제와 금융 경제(노동 활동을 통한 시장과 자본에 의한 경제입니다.)

둘, 화폐 경제와 비화폐 경제(교환 가치에 따른 생산과 사회 활동 및 취미 생활에 의한 생산 유발입니다.)
전체 시장 비화폐 경제가 차지하는 비중이 60%를 넘어서고 있죠.

셋, 명목 화폐와 디지털 화폐(명목 화폐는 돈을 찍고, 이동하고, 보관하고, 나눠주고, 관리하고, 폐기하는 등 수많은 비용이 발생하는 반면, 디지털 화폐, 즉 가상자산은 블록체인 기반에 의한 생성, 배포, 전달, 관리, 재생산, 통제 등 관리 비용이 발생하지 않는 효율적인 미래 경제 화폐입니다.)

두 번째, 투자, 투기, 도박

하나, 투자! 종합적인 분석이 선행되어야 하며, 근본적으로는 경영자와의 파
트너십으로 비전을 공유하며 장기적인 승수 효과를 얻기 위한 것이어
야 합니다.

둘, 투기! 기본적인 분석이나 객관적인 판단 없이 큰 이익을 얻을 수 있을 것
이라는 자아도취에 빠져 저지르는 행위입니다.

셋, 도박! 대게 운이나 우연에 기반하여 예측이나 계산이 불가능한 조건에
의존하여 빚을 내어 그 결과로 승패를 기대하는 행위입니다.

세 번째, 가상자산 장점

하나, 미래 가치를 담보로 하여 계획된 일들을 현실적으로 구현하는 데 목적
이 있습니다.

둘, ICO와 IEO를 통해 글로벌 자금을 조달할 수 있습니다.

셋, 멤버십 또는 불특정 다수를 통해 생태계가 만들어집니다.

네 번째, 가상자산 단점

하나, 규제가 없어 부정행위가 발생합니다.

둘, 정보의 투명성이 결여되어 사기 피해가 속출합니다.

셋, 누구나 만들 수 있어 가치 여부를 판단하기가 어렵습니다.

다섯 번째, 가상자산 이해

하나, 일반 금융과 달리 분산화된 시스템이 구축되어 있어 위조나 변조가 불가능하고 안전성을 확보할 수 있습니다.

둘, 세계 어디서나 거래가 가능하고 투자자들에게 접근성이 용이해 유동성이 높습니다.

셋, 중계인 없이 전 세계 어디서나 빠른 전송이 가능하며, 시간과 비용을 절약할 수 있고, 탈중앙화 시스템에 의한 개인 정보 보호나 자유로운 경제 활동을 촉진하게 합니다.

여섯 번째, 가상자산 미래

하나, 자산으로 가치가 인정되어야 합니다.

둘, 자산으로 담보화될 수 있어야 합니다.

셋, 보유 그 자체로 자본 증식이 이루어져야 합니다.

GreenT는 이러한 '6가지 항목'을 바탕으로 미래가 요구하는 시장을 한발 앞서 다음과 같이 구현합니다.

1. GreenT는 생산자와 소비자를 유기적으로 연결하여 모두의 이익을 추구하는 실물 경제 화폐로서 KN541 샵 내 '자가 쇼핑몰'을 통해 건전한 생태계를 조성합니다.

2. GreenT는 지구 사랑을 모토로 설립된 '(사)그린플루언서운동본부'와 소비 공동체인 KN541 멤버와 함께 글로벌 네트워크를 구축하여 건전한 녹색 커뮤니티 문화를 만들어 갑니다.

3. GreenT는 사회관계망 가치 수단, 온·오프라인 결제 수단, 직영 프랜차이즈 담보 수단, 메타버스 상권 투자 수단, 광고 콘텐츠 이익 공유 수단, 주

식 교환 수단으로 자산으로서의 가치를 부여합니다.

4. GreenT는 가상자산 거래소와 관계없이 구매, 예치, 이체, 환전 등 각종 서비스를 쉽고 간편하게 제공합니다.

5. GreenT는 온라인과 오프라인상에서 결제할 수 있도록 그린 카드 및 간편 결제 앱을 제공하며. 구매자에게 일정 비율의 수수료를 즉시 페이백으로 돌려드립니다.

6. GreenT는 지속 가능한 생산 소비를 통해 중소기업 협력기금을 조성하며 지구 환경보호를 위한 지구 사랑 실천 ECO Fund 조성 등 새로운 경제적, 사회적 가치를 창조합니다.

7. GreenT는 Life&Commerce, 우리 일상 속에 스며든 지속 가능한 경제 생활 방식을 추구합니다.

8. GreenT는 '자가 쇼핑몰' 무료 분양을 통해 1인 백화점 시대를 구현하고, 지구 사랑을 테마로 한 비화폐 경제를 시장가치로 전환합니다.

9. GreenT는 디지털 화폐 시장의 선구자로서 KN541 샵을 통해 소비자가 실물 경제와 금융 경제를 주도하는 새로운 유통의 패러다임을 제시합니다.

마무리하며

1. KN541은 소비 확산을 통해 생산능력을 강화시켜 소비자가 유통과 생산을 주도하는 새로운 시장, 새로운 소비, 새로운 가치를 만들어 갑니다.

2. KN541은 지구 사랑을 테마로 한 '㈜그린플루언서운동본부'를 모체로 하여, 환경 교육, 녹색 캠페인, 학술 교류 등을 통해 녹색 커뮤니티를 조성해 갑니다.

3. KN541은 조성된 녹색 커뮤니티를 바탕으로 생산 소비자 융합 쇼핑몰인 '자가 쇼핑몰'을 무료 분양하여 개개인이 운영 주체가 되는 명실상부한 1인 백화점 시대를 구현합니다.

4. KN541은 '자가 쇼핑몰'에서 발생하는 모든 이익금을 KN541 멤버와 공유하고, 회사는 관리 주체의 역할만을 하는 공유 경제 모델을 표방합니다.

5. KN541은 소비 능력을 바탕으로 한 생산자와 소비자를 융합해서 생산되는 모든 제품을 자회사, 계열사, 협력사로 하여 소비자가 주체가 되는 유통의 새로운 패러다임을 제시합니다.

6. KN541은 생소 융합을 바탕으로 형성된 제품들을 직영 프랜차이즈화해서 소비자가 주도하는 새로운 시장 질서를 열어 갑니다.

7. KN541은 직영 프랜차이즈를 통해 기존 시장 개념을 타파하여 모든 비용을 회사가 부담하고 이익금은 판매자가 가지고 가는 새로운 유통 체계를 만들어 갑니다.

8. KN541은 미래 화폐인 GreenT를 발행하여 구매 수단, 거래 수단, 담보 수단, 혜택 수단, 사회관계망 가치 수단, 메타버스 상권 투자 수단으로서 실물 및 금융 경제 논리를 병행할 수 있도록 합니다.

9. KN541은 발행된 GreenT에 온·오프라인에서 결제되는 화폐 기능을 부여함으로써 미래가 요구하는 시장을 한발 앞서 실천합니다.

10. KN541은 '자가 쇼핑몰'과 직영 프랜차이즈 및 GreenT 생태계를 기반으로 한 KN541 멤버들과 전자 오두막 시대를 개척해 나갑니다.

11. KN541은 전자 오두막을 지구 사랑 발원지로 하여 건강도 환경 운동의 일환이라는 캐치프레이즈로 자연과 함께 살 수 있는 그린 글로벌 네트워크를 구축해 갑니다.

12. KN541은 KN541 멤버들 전자 오두막 무료 입주를 시작으로 하여 메타버스를 현실화시켜 나갑니다.

13. KN541은 소유 없는 생산, 지배 없는 발전, 자기주장 없는 행동이라는 모토로 '와서! 놀아라! 신나게!'라는 캐치프레이즈를 걸고, 뜻밖의 재미, 뜻밖의 혜택, 뜻밖의 기회라는 슬로건으로 사회, 경제, 문화 전체를 아우르는 우리들만의 신세계 질서를 열어 갑니다.

귀인전 1. KN541 고문 조희철

경영 이론으로 보는 KN541 플랫폼

2005년 제러미 리프킨이 《노동의 종말》을 다시 펴내면서 첨단기술과 정보화 사회, 경영 혁신 등이 인간의 삶을 풍요롭게 만드는 것이 아니라 일자리를 사라지게 한다고 주장합니다. 이후 2012년에《소비의 경제학》책이 나오면서 소비에 대한 개념이 변화하고 있다는 생각을 하게 됩니다. 여기에는 돈의 가치를 10배로 늘려 주는 소비를 하는 대안을 제시하고 있었습니다.

이미 앨빈 토플러의《제3의 물결》에서 2050년에는 95%의 노동자는 일자리를 잃고 5%의 인원만이 일을 하게 되는 시대가 도래될 것이라는 예견을 하기도 했습니다.

여기서 설계자께서 깊은 감동이 있었다고 하는데 이해가 충분히 갑니다.

2016년 어느 날 경영자 조찬회에서 딜로이트 컨설턴트가《경계의 종말》이라는 책을 펴내면서 디지털 기술이 산업 간의 경계가 와해되는 시대를 맞이하게 될 것이라는 강연을 듣게 되면서 섬뜩한 느낌을 가진 기억이 선명하게 떠오릅니다. 생산자와 소비자의 경계, 인간과 기계의 경계, 물리적 세계와 디지털 세계의 경계가 모두 희미해지고 허물어져 가고 있다는 경고입니다.

이후 세계에서 가장 유명한 CES에서 2023년에는 드디어 '업(業)의 경계'가 무너졌다고 발표하면서 기업들은 '초연결' 기술에 집중하고 '모빌리티'와 '지속가능성'에 대한 '멀티 플랫폼'의 시대로 진입했다고 선언했습니다.

이러한 경영 환경 변화는 웬만한 경영자라면 익히 알고 있는 흐름이라는 것은 누구나 알 수 있습니다. 그런데 과연 우리 소비자의 입장에서 대응할 수 있는 대안은 무엇일까 하고 고민할 수밖에 없을 것입니다.

그러던 중 정영준 대표로부터 소개받아 KN541을 만나게 되었습니다.

《생소한 이론을 통해 세상을 봐라!》 책자를 보내 주어 짧은 시간에 읽으면서 단 한마디에 온 정신이 집중하게 되었습니다.

'지구 사랑'

설계자 정차조 회장은 17년의 긴 세월, 수많은 난관을 극복하고 지나오면서 바라본 세상에서 어떻게 지구 사랑에 대한 메시지를 읽으면서 Formation 541에 대한 철학을 일구어 낼 수 있었을까?

우리가 익히 알고 있는 '데자뷔(Déjà Vu)'라는 말이 있는데 이는 '새로운 것에서 익숙한 것을 본다'는 뜻입니다. 그런데 대부분의 실패자(Looser)들은 새로운 사업이라고 하면 너도나도 몰려듭니다. 그러다가 조금이라도 이미 알고 있거나 익숙한 것이 발견되면 썰물 나가듯이 빠져나갑니다.

그렇다면 데자뷔의 반대말은 무엇일까요? '뷔자데(Vuja De)'라는 말이 있습니다.

곧 '익숙한 것에서 새로운 것을 본다'는 뜻이지요. 그렇습니다. 이미 오랜 세월 동안 테헤란로에서 펼쳐지고 있는 네트워크 마케팅이라는 미명 아래 다단계 판매, 방문 판매에 대한 사업들이 성행하고 있습니다. '이런 사업들과 차별성이 무엇일까?' 생각하면서 본인이 현업에 있을 때 주로 수행했던 경영 기획과 전략적 관점에서 경영 이론을 통해 Formation 541에 대해 검증하게 되었습니다.

그동안 딜로이트에서 제안한 전략적 접근 단계와 하버드大 로버트 하그로브 박사의 **'삼중고리 학습'** 이론에도 대입을 시켜서 '불가능한 미래 선언'에 대해서 가능성을 발견하게 되었습니다.

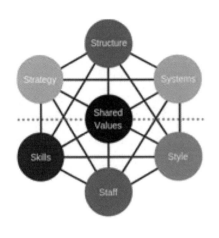

여기에서는 매켄지 컨설팅의 **'7S 프레임워크(체계, 틀)'**에 대입 시켜 검증을 하고자 합니다.

가장 중심에 있는 것은 공유 가치(Shared Value)입니다. 우리 의 공유가치는 무엇인가요? '지 구 사랑'입니다. 지구 온도 1.5 도 상승하는 데 남은 시간이 4년 286일(24. 10. 9. 현재)밖에 남지 않았습니다. 북극곰이 설 자리가 없을 정도로 빙하가 녹아내리고 있고 남극 빙하도 역시 녹아내리고 있습니다. 아울러 지구 사랑에 기여할 수 있도록 모든 소비 행위가 바로 동사 가치로 이어져서 공유 자원을 통해 지구 사랑에 나누어지는 것, 그러기 위해 코이노니아를 통해 '사귐, 공 유, 다 같이, 공동 참여'하는 것을 우리의 가치로 공유하는 것이지요.

여기서 우리는 지구 사랑을 위해 어떤 행동을 해야 할까요?

다음 단계는 전략(Strategy)입니다. 바로 '킬러 콘텐츠'이지요. 국내외 유명한 쇼핑몰들이 제휴된 KN541 Shop에 입점하는 것부터 디렉터스 픽몰, 리빙플러스몰, 예약구매몰, 프레시몰, 541몰, 해몰 등의 체계화된 자가 쇼핑몰이 사업을 탄탄하게 지켜 낼 전략인 것입니다.

이 외에도 BM 특허 등록, 학술 논문 발표, 국민 공모주 등 많은 콘텐 츠를 제공할 전략을 가지고 있음을 확인할 수 있습니다.

다음 단계는 구조(Structure)입니다. 그것은 '전략 단계'에서 가장 핵심적인 '생소 융합 KN541 플랫폼'을 실현시키는 것입니다. 전략적 접근 방식으로 제시된 '자가 쇼핑몰' KN541 샵, KN541 가게들이 기본 구조가 되겠습니다.

다음은 시스템(System)입니다. 집을 지었어도 운영 시스템이 없으면 소용이 없겠지요. 바로 핵심인 '사전 예약 구매 시스템'입니다. 구체적인 시스템 소개는 각각의 챕터에서 반복적으로 소개되는 것이지만 이에 수반되는 온라인 시스템 구축이며 금융 결제 시스템, 물류 시스템 등은 완성되었으며 기존의 여느 쇼핑몰과 별반 차이가 없이 운영될 것입니다.

이제 중요한 단계인 구성원(Staff)입니다. KN541의 준회원, 정회원, 디렉터로 시작되는 Club 2,000의 모든 멤버가 Formation KN541의 멤버입니다. 멤버 유지와 확장이 중요한 것은 두말할 필요가 없으리라 생각됩니다. 그래서 설계자께서는 'KN541'에 '와서, 놀아라, 신나게'라고 강조하십니다. 여기서 자칫 우리가 오류에 빠지기 쉽습니다.

기존 시장 질서에 익숙한 체계에서 제시하는 모임의 형태와 수익 구조는 KN541의 체계와 시작부터 다르다는 것을 알 수가 있습니다. 구성원 모든 멤버에게 제공되는 배당의 종류만 보아도 입이 벌어질 것입니다. 익히 알고 있는 것이지만 행위자 50%, 공유 40%, 기여자 10%의 기본 구조하에서 KN541 샵 배당, 자가 쇼핑몰 배당, 생소 융합 배당, 그린티 보유 배당, KN541 콘텐츠 배당, 디렉터 배당, 프랜차이즈 배당, 글로벌 파워 셀러 배당, 유튜브 크리에이터 배당, 지구 사랑 활동 배당, KN541 주식 배당, 광고 공유 배당 등 수많은 배당 시스템이 가동되어 구성원들에게 빠짐없이 제공되도록 설계되어 있는 것이 바로 Formation KN541입니다.

이제 남은 것은 소프트 파워에 해당하는 스킬(Skill)과 스타일(Style)입니다.

이것은 우리 모두가 인간이기에 자신의 성장 과정과 주변 환경의 영향을 받아 자기 스스로도 모르게 작동되는 기제들이 자신의 인격을 형성하고 존재 가치를 결정하게 되는 것입니다.

자기 자신은 '모든 문제를 해결할 능력'이 있고, '해답은 스스로 가지고 있기' 때문에 주위에 자신을 '이끌어 주고 지원해 주는 코치'가 있다면 모든 것을 극복할 수 있다는 코칭 철학을 근거로 우리 모든 구성원은 '코칭 리더십'을 스스로 육성할 이유가 있는 것입니다.

그러기 위해서는 상대방의 입장을 충분히 이해하고 접근하기 위해서 '적극적 경청(Active Listening)'을 해야 할 것이며 '칭찬과 격려'를 아끼지 않고 긍정적 영향력을 전하기 위해 '심판자'가 아닌 '학습자'의 자격으로 '발전적 피드백'을 하며 우리의 멤버들에게 다가가야 할 것입니다. 또한 문제의 '해답을 주기'보다 '해답을 찾는 것'이 가능하도록 도와줄 수 있도록 긍정의 언어를 전하는 '협력적 생각 파트너'로서 역할을 충실히 해야 할 것입니다.

지금 시대는 소비의 가치를 얼마나 높이는가에 따라 행복의 조건이 달라진다고 앞서 언급한 《소비의 경제학》에서 강조합니다. 노벨 경제학상 수상자 폴 새뮤얼슨은 "행복을 증가시키려면 소비를 늘리거나 욕망을 줄이거나 해야 한다."라고 했습니다. 우리가 행복하기 위해서 살고 있는데 소비의 시대에 어느 정도 소비를 늘려야 하고 어느 정도 욕망을 줄여야 할지 각자가 판단할 일이지만 《소비의 경제학》에서는 '할머니 소비'를 소개합니다. 여느 할머니들처럼 자식들이 용돈을 주면 베개 밑에 두었다가 자신에게는 쓰지도 않다가 손주들이 오면 듬뿍 집어 주는 소비도 소비겠지만 현명하고 가치 있는 소비라면 어떻게 해야 할까요. 또 소비를 하면서 '지구 사랑'에 기여하는 소비를 하고 나에게도 '경제적 시간적 여유'를 누리게 할 수 있다면 무엇을 택할까요?

소비자 주권 시대에 '준비된 완성자'로서의 자신의 위상을 공고히 하고 자신과 가족의 행복을 위해서 Formation KN541의 철학을 이해하고 동참하며 대한민국을 '지구 사랑'의 큰 목표를 실현하는 모범 국가로 만드는 데 일원이 되지 않으시렵니까?

귀인전 2. KN541 '전자 오두막' 촌장 조상현

'결정적 지식'

우리는 살아가면서 너무 많은 지식 속에 갇히게 될 때가 있다.

특히 요즘은 건강에 대해 국민 모두가 반의사다 할 정도로 잡다한 정보를 갖고 있다.

그런데 정작 가장 중요한 결정적 지식은 왜곡되어 있는 경우가 많다.

건강에 좋은 식품을 무분별하게 이것저것 섭취하다가 오히려 간을 혹사시켜 건강을 잃는 경우를 자주 보게 된다.

3대 영양소는 탄수화물, 지질(지방), 단백질이라고 앵무새처럼 듣고 외워 이 세 가지는 다른 것으로 알고 있는데 결정적 지식은 탄수화물과 지질과 단백질은 모두 한 조상에서 변형된 결국 글루코스(Glucose, 포도당)라는 것이다.

그래서 포도당의 섭취, 소화, 배출의 이상으로 생기는 당뇨병이 건강의 가장 중요한 변수가 되는 것이다.

결국 간에서 탄수화물, 지질, 단백질은 포도당으로 분해되어 대사하는 과정을 거치기 때문에 어떤 걸 먹어도 간을 운동시키게 된다는 결정적 지식을 모르고 있는 것이 안타까울 뿐이다.

경제학 이론도 넘쳐흐르고 있다.

유통 과정에서 생존하기 위한 이론과 도구와 기술들도 넘쳐 나고 있다.

이 경제 활동의 '결정적 지식'은 소비 욕구가 생산, 유통보다 더 근본적이라는 것이다.

즉, 과거 인류의 조상부터 인간은 본인이 소비할 만큼 생산(사냥, 채집)하고 유통(물물교환)하면서 인류는 살아왔다는 것이다.

소비가 모든 경제의 원동력이라는 결정적 지식을 놓치고 살다가 KN541에서 정차조 회장님의 생소한 이론을 통해 뒤통수를 맞는 것처럼 깨닫게 되었다.

그 순간 내가 회사를 만들고 생산하고 유통하는 모든 일의 본질이 선명하게 정리되면서 인류의 시작부터 '준비된 완성자인 소비자'를 경제 활동의 가장 중요한 주체로 여기는 생소 융합 플랫폼에 합류할 수밖에 없었다.

내 옆으로 지나가는 모든 사람은 어떤 직업을 갖고 있느냐를 불문하고 소비자이다.

지하철에서 흔들리며 출퇴근하는 모두가 소비자이다.

가슴이 벅차오르지 않는가?

이 소비자들이 소비하는 것이 생산의 원동력이 되고 세계 경제, 정치 문화가 돌아간다는데 어떻게 소비자를 생산의 주체로 여기는 생소 융합 플랫폼에 합류하지 않을 수 있단 말인가!

결정적 지식.

소비자는 준비된 완성자이다.

수행을 통해 열반의 경지에 오르는 득도의 순간과 같은 혜안이 열려 버렸다.

모두가 소비자이므로 모두가 들어 봐야 한다.

오늘 모여서 들어 보자.

듣는 자에게 복이 있을 것이다.

감사합니다.

사랑합니다.

귀인전 3. KN541 최병환 고문

자연환경(自然環境)의 중요성

환경운동(環境運動, Environmental Movement)은 자연환경의 보호, 유해 물질 사용의 금지, 생태계의 보전 및 생태주의 실현 등을 목표로 하는 사회적 활동을 말하며 이러한 일을 하는 사람을 환경운동가(環境運動家, Environmentalist)라고 한다.

사회봉사(社會奉仕)는 사회의 이익이나 복지를 위하여 노동력이나 금품을 제공하는 행위를 말한다. 육체적 노력 봉사와 물질적 봉사가 있는 것인데 그것은 마음속에서 우러나와 행동으로 옮기는 것이 사회봉사인 것이다.

환경운동도 또한 사회봉사인 것이므로 조건 없이 나부터 실천하면 된다. 환경(環境)이란 단어는 어떠한 수식어를 붙인다 하더라도 환경적 의미는 크다고 생각한다.

인류가 숨 쉬고 먹고 마시고 삶을 지탱하는 모든 것도 자연의 일부로 존재할 수 있음에도 불구하고 감사와 고마움도 모른 채 우리는 급변하는 사회적 환경 변화와 반복되는 일상에 매여 쫓기듯이 정신없이 앞만 보고 바쁘게 생활하다 보니 옆을 잘 보지 못하는 경우가 매우 많은 것이 현실이다. 그래서 대자연에 대해 고마운 것도 감사한 것도 잊고 살 때가 많다.

우리는 자연에 감사함을 표현하는 것이 익숙하지 않아서 어떻게 해야할지 모르는 경우가 많다. 그러나 그렇게 어렵게 생각할 필요는 없는 것이다. 자연은 지구의 일부이고 우리도 자연의 일부이니 우리는 지구와 한 몸이 아니던가.

우리가 자고 일어나서 새로운 날을 맞이할 수 있도록 삶의 환경을 주심에 감사한 것도 바로 자연환경이기 때문이다.

오늘도 살아 숨 쉬게 하는 산소에게도 감사하고 끼니때마다 맛있는 음식을 먹고 마실 수 있도록 땀 흘린 농부와 어부들을 생각하면서 음식으로 만들어진 모든 생물에게도 칭찬을 하고 감사한 마음을 가져야 한다.

그동안 산업 발전에 초점을 맞추어 사람 편의 지향적으로 난개발을 계속해 온 것이 사실이다. 지구가 많이 아프다.

지구가 자연 복원, 자연 치유 동력을 빠르게 상실해 가고 있다.

이제 돌이킬 수 없을 정도로 난개발, 환경오염, 오존층 파괴, 온난화로 평균온도가 상승하고, 빙하가 녹고, 가뭄, 기근, 폭우, 홍수, 산불 등 천재지변으로 막대한 재산상 피해를 입게 되었으며, 전 세계 국가들이 고통을 받고 있고 식량 생산 면적도 현저히 줄어들기 시작했기 때문에 곡물 생산량이 계속해서 줄어들 것이다.

이제 우리는 결자해지 차원에서 탄소 중립 운동에 앞장서는 ESG 실천에 동참하여 지속 가능한 책임 경영 구현을 선도해 애국애족 정신으로 지구 살리기 실천 운동에 동참해야 할 것이다.

환경운동(環境運動)은 나로부터 시작된다(실천 운동)
일상생활에서 전기 코드 하나 뽑기(장시간 외출 시)
일상생활에서 분리수거 실천하기(쓰레기 배출 줄이기)
일상생활에서 절수 운동 실천하기(샤워 시&양치 시)
가까운 거리는 걸어서 다니기(건강 지키고, 에너지도 절감하고, 온실가스도
저감)

'RE100'이란, 기업이 필요한 전력을 2050년까지 전량 신재생에너지
전력으로 구매 또는 자가 생산으로 조달하겠다는 자발적 캠페인으로,
재생에너지(Renewable Energy) 100%의 약어이다. 여기서 재생에너지는
석유 화학연료를 대체하는 태양열, 태양광, 바이오, 풍력, 수력, 지열 등
에서 발생하는 에너지를 말한다.

'탄소 중립(Carbon Neutrality)'이란 특정 주체(국가, 기업, 개인 등)가 배출
하는 온실가스(GHG)와 이를 상쇄하는 온실가스의 양을 맞추어 실질적인
온실가스 배출량을 0으로 만드는 것을 의미한다.[탄소 중립 혹은 넷제로
(Net-Zero)]
즉, 배출된 온실가스와 제거된 온실가스가 균형을 이루는 상태를 말
한다.

'탄소 중립'&'RE100'
우리는 할 수 있다. 하면 된다. 해 보자!
합력하여 선을 이루면 우리는 꼭 해낼 수 있다.

이제 너와 내가 아니라 우리니까 가능하다.

환경운동은 애국애족 운동이기 때문이다.

㈜KN541 플랫폼과 Club 2.000멤버와 함께…!

귀인전 4. KN541 팀 대표 정영준

9월을 넘기지 않고

KN541 멤버십 운영 1호 김진순, 조한섭이 탄생했습니다.

정말 축하드릴 일입니다.

설계자이신 회장님의 의도가 드러나도록 일조하신 소중한 헌신입니다.

생소 융합 플랫폼 KM541 샵 비즈니스는 정회원으로 가입해서 멤버십을 선택하는 사업입니다.

행위에 대한 결과로 표현하면 KN541 샵에 대한 헌신의 지표가 그룹핑된 멤버십이라고 할 수 있겠죠.

제가 세미나에서 말씀드렸듯이 우리는 **휴먼 웨어 시스템**을 담당하는 구조입니다.

회장님께서 늘 인간관계에 대해 말씀하십니다. 시대는 교환적 인간관계에서 전환적 관계를 요구하고 있다고 말입니다.

우리 모두는 산업화에서 체득된 거래적 사람 관계에 익숙해져 있을 것입니다.

생소 융합 플랫폼 KN541 샵이 추구하는 가치는 거래 관계가 아닙니다.

이 점이 부단히 성찰해야 할 우리 각자의 몫입니다.

저부터 쉽지 않습니다.

하지만 한편으로 생각하면 너무나 쉬운 일이기도 합니다.

'능력'을 필요로 하지 않는 행위이기 때문에 그렇습니다.

그동안 우리는 상대평가 속에서 주눅이 들어 가슴앓이를 하고 살아왔습니다.

그 결과 타인에 대한 사랑은 고사하고 자신에 대한 사랑도 서툴러 열등감으로 채찍질만 가했을 불쌍한 존재였습니다.

KN541 플랫폼은 절대평가 문화입니다.

플랫폼에 대한 이해를 통해 어느 그룹의 멤버십을 선택하더라도 전혀 혜택에서 소외됨이 없습니다.

단 한 명도 소외됨이 없는 문화가 우리 사회에서 이제 막 시작되었습니다.

직급 문화는 자칫하면 수단과 방법을 정당화할 수 있지만 직책 문화는 목표에 가치를 더해 생각하게 해 줍니다.

KN541 플랫폼이 지구 사랑의 목적 사업으로 출발했듯이 회원인 우리들도 목적이 이끄는 삶을 살아야 하지 않을까요.

목표+가치=목적

나 홀로 정회원 그룹일지라도 존재감 뿜뿜~인 플랫폼이 바로 우리들의 녹색 커뮤니티인 생소 융합 KN541 샵이라는 게 너무나 뿌듯하고 인간다운 충만감이 차오릅니다.

오늘도 여지없이 행복합시다.

감사합니다.💕

귀인전 5. KN541 이의순 리더

KN541을 설계해 주신

정차조 회장님
찐! 감사드립니다.

제 손 잡아 주신
정영준 대표님처럼

저도 똑같은 마음으로
KN541 지구 사랑에 동참!!
'필승'
KN541 가족 여러분!
함께여서 고맙습니다.

💕사랑합니다.🖤

귀인전 6. (사)그린플루언서운동본부 유은희 이사장

뷔자데

익숙함 속에서 새로움을 발견하셔서 KN541 가족들의 터치되지 못한 심층의 욕구를 터치시켜 주시는 조상현 대표님!

덕분에 KN541 가족들이 KN541의 본질을 더 쉽게 정리할 수 있게 되었습니다. 아침마다 올려 주시는 글은 KN541 가족들을 사랑하시는 조 대표님의 마음이 느껴져 마음이 뭉클합니다.

소비를 집단화하여 완성자의 위치에서 건강한 생태계를 만들어 가면서 소비가 곧 수익이 되는 KN541의 시스템이야말로 ㈜그린플루언서운동본부(바보온달)와 ㈜KN541(평강공주)의 서사적 이야기가 아닌가 싶습니다.

늘 KN541 가족들의 의식을 UP시켜 주시려고 애쓰시는 정영준 대표님께도 진심으로 감사드립니다.^^

귀인전 7. KN541 팀 대표 1호 정은숙

저는 KN541과의 인연이 벌써 10개월이 지나가네요.

저는 2023년 12월쯤 다른 회사에서 와장창 깨지고서 지인 소개로 커피숍에서 KM541 설계자분을 만났습니다.

이야기를 듣는 순간, 이 플랫폼은 전 국민이 안 할 이유가 없는 누구에게나 해당이 되는 플랫폼이라는 것을, 직감적으로 가슴속에 와닿았습니다.

그래서 듣자마자. 회장님께 "이건 혁명(혁신)입니다."라고 말씀드렸습니다. 근 10여 년을 네트워크(다단계) 시장에서 많은 일을 했습니다. 자신 있게 말할 수 있었던 것은 정말 정말 열심히 했다는 거죠.

하지만 그 어떤 회사도 책임지는 회사가 없었다는 것입니다.(한마디로 허구, 그 자체였다는 것입니다.)

그 허구를 그때는 될 것이라 믿고 사람들에게 소개도 많이 했지요.

좋은 정보라고. 헐! 결국 리스크만 선택한 회사들이 모두 저의 의지와 무관하게 다 깨져 버리고 말았습니다.

정말 대한민국처럼 사기 치기 좋은 나라도 없을 것입니다.

지금 생각하면 창피합니다.

망가지고 나면 책임지는 회사 하나도 없었구요.

그러던 차에 KN541을 만나 소비자가 쓰면서 돈을 번다는, 그리고 소비가 곧 부 창출의 기반이 될 수 있다는, 소비 주권을 찾는 것이 곧 미래의 유통 방식이라는 것을, 저는 여태까지 소비의 중요성을 몰랐었습니다.

혼자 쓰면 소비, 함께 쓰면 능력, 모두 같이 소비하면 힘이 되고 권력이 될 수도 있다는 것을.^^

이제 알았습니다. 그동안 소비자로서 얼마나 기업에 충성 고객으로의 삶을 살았는지를, 한마디로 종속된 삶이었던 것이지요. 우리에 가두어진 짐승처럼 소비만 하는, 돈을 기업들이 모두 가지고 가고.

'우리'에 갇힌 나는 좋은 일, 바람직한 일, 해야 할 일을 했다면 우리에서 벗어나 우리는 좋아하는 일을, 바라는 일을, 하고 싶은 일을 할 수 있다는 KN541에서는 정진석 교수의 《인간이 그리는 무늬》라는 책을 응용해 우리의 의식을 일깨워 줍니다.

와서, 놀아라, 신나게.

이것이 곧 제가 선택한 KN541 플랫폼입니다.
저는 듣는 순간부터 지금까지 한 번도 의심하지 않았습니다. 이것은 새로운 시장으로 갈 수밖에 없는 시스템이라고 말이죠.

정말 누구 탓이 아닌 저의 탓입니다.
어디서 쫄딱 털려서 자살하고 싶을 만큼 힘든 시기에 KN541을 만나 전자의 리스크로 인해 엄청나게 힘들기도 했지만, 이제는 '꿈과 희망'이 생겼습니다.
많은 사람에게 희망을 줄 수 있어 떳떳하고 행복합니다.
저는 이 KN541이 지구 사랑 테마가 있어 더욱 좋습니다. 뿌듯합니

다. 저도 지구 살리는 일에 동참할 수 있다는 것이지요.^^

지구 사랑을 하기 위한 목적 사업으로 수익 모델로서의 플랫폼이라는 것이 대단합니다.

이 어마어마한 회사를 20년을 시대 흐름을 보면서 준비하신 우리 정차조 회장님께 깊은 감사를 드립니다.

㈜KN541은 진짜 시대의 사명이고 KN541의 **'생소한 이론'**은 노벨상감이라고 감히 말씀드리고 싶습니다.

귀인전 8. KN541 팀 대표 윤정숙

저는 그 흔한 다단계에 대해서도 아무것도 몰랐고 아는 지인들이 뭐를 좀 같이 해 보자고 해도 듣지 않았던, 제가 어느새 KN541 플랫폼을 만나 정회원에서 팀 대표까지, 일을 하면서도 '정말 될까?'라는 생각으로 걱정을 많이 했었습니다.

그런데 현재는 꼭 될 거라는 확신에 가슴이 벅찹니다.

일도 많이 줄어들고 힘든 이 시점에 지금은 KN541을 설립하신 정차조 회장님께 너무너무 감사한 마음 전하고 싶습니다.

귀인전 9. KN541 팀 운영 1호 김진순

㈜KN541

플랫폼의 끝판왕.

자가 쇼핑몰 시대를 '선언'하다.

생각만 해도 가슴 벅찬 설렘과 기쁨을

KN541 멤버에 참여한 모든 분들과 감사의 마음을 나눕니다~♡

귀인전 10. KN541 팀 대표 김정자

KN541 코이노니아를
만나 희망과 꿈이 생겼습니다.
설계자 정차조 회장님, 진심으로 감사합니다.
KN541호에 탑승한 모든 님 고맙고 사랑합니다.
감사합니다~♡

귀인전 11. KN541 팀 운영 2호(COO) 조한섭

저는 KN541을 만나 꿈과 희망을 갖게 되어 행복합니다.

저는 건설업 18여 년 동안 소장 생활을 했으며, 그 후 테헤란로와 인연이 되어 다단계, 방판, 펀드, 온라인 코인 등 15년 시간을 보냈습니다.

그러던 중 KN541 플랫폼을 만나게 되었습니다.

2024년 1월 회장님을 만나 KN541 플랫폼 이야기를 듣게 되었는데요.

그때는 전자 회사가 망가져, 11만 원의 연납 호스팅 비용이 없어서 3개월이 지나서야 정회원으로 가입하게 되었습니다.

정은숙 대표와 함께 매일 회장님 강의(생소 융합)만 몇 개월을 들은 것 같습니다.

계속 듣다 보니 희망이 생기고 이건 어떤 사람을 소개해도 떳떳하겠구나, 그렇다면 그동안 리스크 있는 사람부터 살려 줘야지, 하고 일을 하기 시작했습니다.

같이 10년 동안 파트너로 함께 일해 왔던 정은숙 대표와 함께 열심히 노력한 결과 팀 운영(COO)이라는 직책을 얻게 되었습니다.

꿈만 같습니다. 눈물이 납니다.

절망과 실의에 빠져 있던 저는 KN541 플랫폼을 만나 지금은 행복에 겨운 시간을 보내고 있습니다.

이제는 좋으신 분들이 많이 합류하고 있어 힘이 더욱 솟구칩니다.

KN541은 마지막 저의 인생입니다.

KN541은 테헤란로 15년의 상처를 치유할 수 있는 유일한 희망입니다.

KN541을 만나 저를 이끌어 주신 정차조 회장님께 깊은 감사를 드립니다.

항상 든든한 버팀목이 되어 준 정은숙 대표, 최고입니다.

앞으로 KN541을 위해 최선의 노력을 다할 것입니다.

저를 믿고 함께 참여해 준 멤버 모두 행복해질 그날까지.^^

KN541 '화이팅'입니다.

귀인전 12. KN541 팀 대표 송미희

안녕하세요.

저는 KN541 만나기 전에 사회복지사, 목사로 30년 넘게 활동했었지만 신학의 지식으로 영혼을 구원할 수 없음을 깨닫고 종교의 틀에서부터 자유를 얻게 되었습니다.

㈜KN541은 지인인 조한섭 팀 대표로부터 소개를 받았습니다.

생산자와 소비자의 융합을 통해 생산자 소비자 모두가 상생하는 소비 주권 시대를 꾸준히 연구하여 준비해 오신 설계자 정차조 회장님 강의를 들을 때 온몸에 전율과 기쁨이 시작되었습니다.

전 국민의 기초 경제 안정을 가져올 수 있는 플랫폼이 나왔구나, 하며 강의에 계속 집중했습니다.

지금까지 제가 수익을 얻는 방법은 수당(급여)의 성격이었는데 이 수당은 내가 일을 그만두면 수입이 끊어지는 것이므로 미래가 항상 불안했습니다. 그러나 KN541 플랫폼은 수당이 아닌 배당의 수익을 받을 수 있는데 이는 소비자의 소비를 투자로 인정하였기에 가능한 일이었습니다.

소비가 이루어지지 않으면 생산이 가동되지 못하고 경제가 마비될 만큼 소비가 중요함에도 불구하고 그간 소비자는 경제의 주인이 아닌 기업의 이윤 센터로 유통과 생산이 만들어 놓은 시장의 구조 속에서 100%라는 소비가를 지불하고 늘 삶에 허덕이며 살았습니다. 이러한 불합리한 유통의 구조를 감수하고 살아왔던 이유는 각자 흩어진 소비를 함으로써 소비자의 힘을 발휘하지 못했을 뿐 아니라 시장의 구조 속에서 소비자의 저 심층 밑바닥에 내재되어 있던 개념화되지 못한 욕구, 즉 Seeds를 터치하지 못했기 때문이란 것을 ㈜KN541에 와서야 알게 되었습니다.

'뷔자데', 익숙한 것에서 새로움을 발견하는 것이라는 것도 알게 되었지요.

㈜KN541 플랫폼은 생소 융합이라는 새로운 시스템을 통해 생산자와 소비자가 서로 융합하여 생산자도 소비자도 서로 상생하는 구조로 되어 있어 모두가 신바람 나게 일을 할 수 있는 것도 너무 좋았습니다.

더구나 배당의 일정 부분이 ㈔그린플루언서운동본부로 배정이 되어 돈을 벌어 가면서 지구 사랑 환경 운동을 할 수 있으니 감사할 뿐입니다.

KN541을 알기 전에 다른 곳에서 만산이라는 제품을 납품시키고자 일정한 직책을 달성해야 하는 조건이 있었기에 미친 듯이 직급을 달성하느라 일했습니다. 1,300만 원의 매출을 쳐야 했습니다.

신규 회원 등록을 시키면서 현재 유통 시장의 흐름을 생생하게 알게 되었습니다.

본인에게 이익이 된 사람이라면 좋은 사람, 이익이 안 되면 나쁜 사람이라고 하더군요.

사람의 존재 가치를 짓밟은 곳, 프로모션이라는 명목으로 미달성 시 실패자라며 실패자는 말이 없어야 한다며 끊임없이 지적하는 모습에 놀랐습니다.

말로 정죄하여 마음을 괴롭게 하거나 부담을 주는 곳에 머물고 계십니까?

이 글을 읽고 있는 분이라면 속히 자유로워지십시오.

저는 바람직한 일과 좋은 일을 하며 나름대로 열심히 살아왔습니다.

내가 만난 KN541에서는 새로운 혁신에 삶의 장을 열어 주는 계기가 되었습니다.

KN541에서는 매출도 투자도 판매도 없이 오직 늘 하던 소비만 무료로 분양받은 자가 쇼핑몰에서 하면 수익이 생기니 세상에 이런 일이!

국수, 만두, 된장, 고추장, 젓갈 등등 생산자 대표님들께 설계자이신 정차조 회장님이 쓰신《생소한 이론을 통해 세상을 봐라!》책을 전달해 드렸습니다.

사업하신 분들은 이렇게 말했습니다.

사전 예약 구매를 통해 100% 선결제 시스템으로 자회사, 계열사, 협력사로 자리 잡고 새로운 유통 문화가 열리게 된다고 하니~~ 바로 디렉터 회원으로 가입하신 생산자 대표님과 미팅하면서 저는 놀랐습니다.

소비자가 주인인 시대가 시작되었고 더 좋은 제품을 더 싸게 구매하고 유통 배당, 생산 배당, 주식 배당을 공유하게 되니 기대가 됩니다.

더 이상 매출이나 투자나 물건을 판매하지 않고 소비를 투자로 보고 소비자가 뭉치면 소비가 능력이 되어 행위자 50%. 공유 40%, 기여자

10%를 받게 되니 힘이 솟아납니다.

직장인, 친구, 지인분들에게 《생소한 이론을 통해 세상을 봐라!》 책을
전달해 드렸습니다.
소비자가 주권인 시대 맞네~~
제도권 내 합법적인 회사이기 때문에 믿을 수 있고 자가 쇼핑몰 분양
을 받아 수익금을 공유하고 세계 어디에서나 결제가 가능한 그린티 실
물화폐가 있으니 정말 대단하다고 하시며 돈도 벌고 지구 사랑의 역할
을 나도 할 수 있네, 하시면서 디렉터가 되신 회원분들과 함께 《생소한
이론을 통해 세상을 봐라!》 책을 같은 마음으로 전달하다 보니 48일 만
에 저도 팀 대표가 되었습니다.

기회는 아무에게나 주어지는 특권이 아닌 것 같습니다.
기회는 **'취하는 자의 것'**이랍니다.
저는 바람직한 일에서 바라는 일을, 좋은 일에서 좋아하는 일을, 해야
할 일보다 하고 싶은 일을 할 수 있는 기회의 시장에서 저는 KN541을
만나 행복합니다.

그래서 KN541을 사랑할 수밖에 없습니다.

귀인전 13. KN541 팀 대표 유미완

사랑하고 존경하는 회장님의 찐 팬 유미완 인사드립니다.^^

코이노니아 KN541 만나게 된 동기는 1호 팀 대표인 정은숙 친구의

권유로 힘들게 함께하게 되었습니다.

예전에 안 좋았던 기억들이 있어 통화가 뜸했던 차에 전화가 와서 진짜 좋은 회장님을 만나 좋은 플랫폼을 시작했다면서 설명합니다.

저는 요양보호사로 활동을 하면서 1등급, 4등급 어르신을 케어하고 있었기 때문에 다른 일을 할 수가 없었습니다.

그런데 사전 예약 구매에 참여하기 위해 호스팅 서버 비용을 11만 원 보내라고 합니다.

끈질긴 권유로 시간을 내어 설명을 들어 보고 정회원으로 등록했습니다.

6월 6일 현충일, 쉬는 날 다시 한번 강의를 듣고 마지막으로 한 번 더 믿고 열심히 해 보자고 굳게 마음먹은 다음 계획을 세우고, 명단 리스트를 쭈욱 적어 놓고 행동, 실천하게 됩니다.

6월 20일 정회원을 20명 등록시키고 업그레이드도 했습니다.

이제는 자나 깨나 KN541을 생각하며 관악구 지인분들은 전화하고 귀찮을 정도로 카톡을 보냈습니다.

세상에 없었던 소비자주권을 찾는 미래의 유통 방식 KN541에서 배당을 준다 하니 부정하는 사람들이 많이 있었지요.

그런 와중에 보석 같은 분들을 만나게 됩니다.

운영 1호 김진순 언니, 식당에서 팀 대표 윤정숙과 같이 관악구를 KN541 포메이션으로 물들이기 시작합니다.

이제는 포메이션 541명이 완성이되고 기초 심층 기반을 구축하기 위한 **Club 2.000**의 여정이 시작이 되었습니다.

우리 설계자이신 정차조 회장님을 비롯하여 팀 운영 2호 조한섭 님, 팀 대표 1호 정은숙 님, 운영 1호 김진순 님, 팀 대표 윤정숙 님 그리고 KN541 고문님, 좋은 강의를 해 주시는 정영준 대표님, 조상현 대표님,

존경합니다.

앞으로 KN541에서 꿈과 희망을 펼치고 하고 싶은 일들을 하며 가족들에게는 용돈도 크게 쓰면서 즐거운 인생을 KN541과 함께할 것입니다.

(크크) 행복합니다.

(하트) 사랑합니다.

코이노니아 KN541, 영원하라!!

귀인전 14. KN541 디렉터 한순희

정차조 설계자님(갑장)을 만난 것은 너무나 큰 행운입니다.

아산의 청아 조상현 대표님, 서다미 님의 열정과 사랑으로 KN541이 빛을 내고 있네요.

KN541을 만나서 가슴이 뛰고, 너무 행복하고, 희망입니다.

KN541, 파이팅!

온양 한순희 부대찌개 올림!

귀인전 15. KN541 리더 이보화

오로지 지구 사랑의 목적을 가지고 17년간을 연구하고 공부해 오셨던 설계자 정차조 회장님의 노력의 결실이 세상에 나와 가치 있는 소비로 사람을 이롭게 하고 환경도 덤으로 살릴 수 있는 생소 융합 시스템.

시대가 요구하는 혁신,

그 무엇도 막을 수 없는 혁명,

그 절실하고 간절한 바람이 마침내 때가 되어 제조·유통을 소비자들의 집단 소비로 선순환시키는 시스템! 놀랍다. 감탄을 금치 못하다!

인간은 돈을 벌기 위해 환경과 자연을 훼손하며 돈을 투자해서 제품을 생산하고 팔리지 않으면 돈을 잃고 상실하는 인간의 모순된 인류의 난제를 집중 탐구하셔서 시장이론으로 해결하고자 이제는 우리가 소비 공동체로 함께 모여 소비자의 주권을 찾고 가치 있는 녹색 소비로 지구 사랑을 자연스럽게 실천하고 지구 사랑이 곧 인류 사랑이 되게끔 초연결하신 회장님의 진심에 감사하고 감동되어 저는 KN541에 투신했습니다. 우리 모두 KN541 소비혁명에 동참하여 소비 주권 시대를 열어 가는 선구자, 개척자로서, 책임과 의식을 가지고 '와서, 신나고, 재밌게' 놀아 봅시다!

귀인전 16. <KN541 고문 허남식>

KN541 생소한 이론을 통해 세상을 봐라!

1. 책 제목 분석과 평가

책 제목이 특이하다. 책 제목은 《KN541 생소한 이론을 통해 세상을 봐라!》이다. 이 책의 저자는 정차조이다. 정차조는 KN541 설계자이다. 필자는 2024년 10월 14일 오후 2시에 피카디리극장 앞 커피숍에서 정차조 설계자를 직접 만났다. 이 만남은 환경감시국민운동본부 상임 부총재인 최병환의 소개로 이루어졌다. 정차조 설계자는 필자에게 이 책을 직접 건네주었다.

필자는 책 제목을 보는 순간 3가지 궁금증이 생겼다. 첫째, KN541에서 KN이 무엇이냐고 물었다. KN은 KOINONIA에서 첫 글자 K와 N을 결합한 것이라고 하였다. 어원과 뜻을 확인해 보았다. 어원은 그리스어

κοινωνία(koinōnía)에서 유래했다. 뜻은 '공동체', '사회', '교제', '친교', '나눔', '참여' 등이다. 이는 사람들이 공통의 목적이나 관심사를 가지고 함께 살아가는 사회적 관계를 포괄적으로 나타내는 단어이다. 둘째, KN541에서 541이 무엇이냐고 물었다. 배당 비율이라고 하였다. 즉, 행위자의 몫 50%, 공유자의 몫 40%, 기여자의 몫 10%로 배당금을 지급하는 것이라고 하였다. 분석해 보니 50%, 40%, 10%의 첫 숫자를 모은 것이 541이다. 셋째, '생소한 이론'에서 '생소'가 무슨 뜻이냐고 물었다. '생소'는 '생산자와 소비자'의 첫 글자를 결합한 것이라고 하였다. 정말 '생소'하다고 생각하였다. 그렇다면 '생소한 이론'은 '생산자와 소비자 이론'이다. '생산자 이론과 소비자 이론'을 결합한 것이다. 즉, '생산과 소비의 융합 이론'이다. '생소함'의 첫 번째 의미는 이전 시대에는 없었던 전혀 다른 패러다임으로 접근해야 이해할 수 있는 시장경제 논리이다. 기존의 시장경제는 크게 제조(생산) 영역, 유통 영역, 관리 영역으로 나눈다. 지금까지는 제조(생산), 유통이 시장경제의 주체가 되었고, 유통 업체들이 많은 이익을 가지고 있다. 이제는 기업의 제조(생산), 유통 관리가 아니라 소비자의 '소비'를 통해 또 다른 이익 창출이 가능하다는 시스템이다. 과거에는 생산이 소비를 만들었지만, 이제는 점점 소비가 또 다른 소비를 만들고 있다. 이는 '경제순환의 연결 고리'로서 소비자들의 비중이 커지고 있다는 것을 방증한다. 이제는 '소비 활동'이 삶의 질을 높이고, 생산의 방향을 주도하는 자가 '생산의 주체'이고, '경제의 주체'이며, 동시에 '소비자'인 것이다. 즉, 소비자는 '준비된 완성자'이다. '생소함'의 두 번째 의미는 제조(생산), 유통 및 관리 조직의 거품을 제거하고 생산자와 소비자를 한자리에서 만나게 하여 묶어 주는 한 차원 높은 시장경제 논리이다. 따라서 'KN541'은 생산자와 소비자 사이를 융합하는 핵심 가치를 담고 있다. 이런 '생소한 이론'이 이 세상에 있을까?

2. 세상을 바라보는 시각(視覺) 또는 관점(觀點)

책 제목에서 수단(手段)과 목적(目的)이 같이 제시되어 있는 것을 발견하였다. 책 제목인 《KN541 생소한 이론을 통해 세상을 봐라!》에서 어느 부분이 수단(手段)이고, 어느 부분이 목적(目的)일까? 수단(手段)은 'KN541 생소한 이론을 통해'이고 목적(目的)은 '세상을 봐라!'이다. 세상을 바라보는 시각(視覺) 또는 관점(觀點)은 여러 가지가 있다. 마치 프리즘을 통해 빛이 여러 색깔로 나뉘는 것처럼, 각자의 경험, 가치관, 지식에 따라 세상을 다르게 해석하고 이해하기 때문이다. 몇 가지 주요한 관점(觀點)을 소개하면 다음과 같다. **첫째, 철학적 관점이다.** 여기에는 실재론, 이상주의, 회의주의, 실용주의 등이 있다. 실재론은 세상은 우리 인식과 관계없이 객관적으로 존재한다는 관점이다. 이상주의는 세상은 우리 마음이 만들어 낸 관념이며, 객관적인 실재는 존재하지 않는다는 관점이다. 회의주의는 세상에 대한 진정한 지식은 불가능하며, 확실한 것은 없다는 관점이다. 실용주의는 진리는 실용적인 결과를 가져오는 것이며, 유용성을 기준으로 판단해야 한다는 관점이다. **둘째, 과학적 관점이**다. 여기에는 결정론, 불확정성 원리, 진화론 등이 있다. 결정론은 모든 사건은 이미 결정되어 있으며, 자유 의지는 환상이라는 관점이다. 불확정성 원리는 미시 세계에서는 입자의 위치와 운동량을 동시에 정확하게 측정할 수 없다는 관점으로, 세상에 대한 예측 가능성에 의문을 제기한다. 진화론은 생물은 환경에 적응하면서 진화해 왔다는 관점으로, 생명체의 다양성과 변화를 설명한다. **셋째, 종교적 관점이다.** 여기에는 유신론, 범신론, 무신론 등이 있다. 유신론은 신이 세상을 창조하고 다스린다는 관점이다. 범신론은 신은 세상과 같으며, 모든 만물에 내재한다는 관점이다. 무신론은 신은 존재하지 않는다는 관점이다. **넷째, 사회·문화적 관점**이다. 여기에는 개인주의, 집단주의, 자본주의, 사회주의, 페미니즘 등이 있다. 개인주의는 개인의 자유와 권리를 중시하는 관점이다. 집단주의는 공동체의 이익과 조화를 중시하는 관점이다. 자본주의는 자유 시장 경쟁을 통한 경제 성장을 중시하는 관점이다. 사회주의는 사회 전체의 복지와 평등을 중시하는 관점이다. 페미니즘은 여성의 권리와 평등을 주장하는 관점이다. **다섯째, 예술적 관점이다.** 여기에는 낭만주의, 현실주의, 모더니즘, 포스트모더니즘 등이 있다. 낭만주의는 감정과 상상력을 중시하는 관점으로, 세상을 아름다움과 이상으로 바라본다. 현실주의는 세상을 있는 그대로 묘사하고, 사회 문제를 고발하는 관점이다. 모더니즘은 전통적인 형식과 가치관을 거부하고, 새로운 표현 방식을 추구하는 관점이다. 포스트모더니즘은 절대적인 진리나 가치는 없으며, 모든 것은 상대적이라는 관점이다. 이 외에도 세상을 바라보는 시각(視覺) 또는 관점(觀點)은 무궁무진하다. 중요한 것은 다양한 관점을 이해하고, 자신의 시각을 넓혀 나가는 것이다. 세상을 어떻게 바라보느냐에 따라 우리의 삶의 방식과 가치관이 달라질 수 있기 때문이다.

3. KN541의 비전과 전략 분석과 평가

집에 와서 책을 꼼꼼하게 읽기 시작했다. 걸어가면서, 버스 안에서, 지하철 안에서 계속 책을 읽었다. 책을 읽을수록 책 제목처럼 '생소'한 내용이 많이 있었다. 책 표지부터 세 번째 쪽을 넘기는 순간 눈에 확 들어온 것이 있었다. 바로 'VISION', 'MISSION', 그리고 '신세계 질서'라는 3개 문구였다. KN541의 비전(VISION)이 무엇이고, 미션(MISSION)이 무엇일까 하고 깊이 생각하였다. 그리고 '신세계 질서'란 도대체 무엇일까. 더 궁금해졌다. 그래서 비전, 미션과 관련된 발전 방안, 전략, 목적, 목표, 과제, 계획, 성과지표(평가지표), 핵심 가치, 표어(슬로건), 이행 기반 등 내용이 있는지 샅샅이 살펴보았다. 책 5쪽에 정차조 설계자는 '지구 사랑 환경 운동을 위해' 'KN541 플랫폼'을 설계했다고 하였다. 그리고 앞으로 미래 유통은 '온라인과 녹색'이라고 판단하였다고 했다. 그렇다면 '지구 사랑 환경 운동', '녹색'이 KN541의 비전인가, 미션인가, 아니면 다른 내용일까. 계속 책을 읽어 내려갔다. 책 6쪽에는 KN541 샵(KN541 가게) 플랫폼은 '녹색 소비 문화를 만들어 가는 취지에서 기획된 사업'이라고 명시되어 있어서 이것이 KN541의 비전인가, 미션인가 하는 생각이 계속 머릿속에서 맴돌았다. 책 15쪽에는 "지속 가능한 환경 운동은 시장 논리로 풀어야 하는 게 답이다."라는 표현이 눈에 띄었다. 이 부분은 책 5쪽의 '지구 사랑 환경 운동'과 '녹색', 책 6쪽의 '녹색 소비 문화'와 본질적으로 내용이 같았다. 그리고 책 15쪽에서 "녹색 소비 문화를 실생활에서 실천할 수 있게 하기 위한 온라인 플랫폼이 바로 KN541 플랫폼이 탄생하게 된 배경이다."라고 명시되어 있었다. 이 부분은 책 6쪽의 '녹색 소비 문화'와 100% 일치하는 내용이었다. 책 98쪽에 '와서', '놀아라', '신나게'라는 캐치프레이즈가 제시되었다. 필자는 캐치프레이즈의 순서를 바꾸면 좋다고 생각한다. '와서', '신나게', '놀아라'의 순서이다. 어법상 이 순서가 자연스럽기 때문이다. 책 99쪽에 있는 'KN541'의 모티브는 **'저탄소 경제 사회'로 가는 '녹색 혁명'**이다.

(사)그린플루언서운동본부[1] 유은희 이사장은 책 16쪽에서는 '녹색 소비 지구 사랑'이라는 표현을 쓰고 있고, 책 17쪽에서 '코이노니아(KN541) 회원들은 우리 생명과 직결된 지구를 살리고 아름다운 녹색 문화를 만들어 가는 역사의 한 획을 긋는 영웅들'이라고 강조하였다. 그렇다면 '녹색 소

---

[1] (사)그린플루언서운동본부는 ㈜KN541 탄생의 모태이다. 'KN541'를 통해 만들어진 소비 공동체가 녹색 소비를 실천하고 녹색의 영향력을 행사하자는 의미에서 만들어진 환경부 (사)이다. 지구 온난화라는 전 지구적인 위기를 극복해 보고자 사회 전반에 걸쳐 여러 시민 단체와 그린 파트너십을 체결해 지구 사랑 공동체 캠페인을 진행하고 있다.

비 지구 사랑'이 비전인가, 미션인가, 아니면 다른 내용일까, 하는 생각이
또 머릿속에서 맴돌았다. 책 43쪽에서는 표어(슬로건)로 뜻밖의 재미, 뜻
밖의 혜택, 뜻밖의 기회를 제시하고, 캐치프레이즈 '건강한 삶이 녹색 실
천의 시작'을 제시했다. 책 44쪽에서는 16가지의 녹색 만족 선언서를 제
시했다. 정차조 설계자는 52쪽에서 '환경보호'와 '플랫폼'이 함께 접목
된 '541 플랫폼'에 대해 미래 지향적인 비전을 제시하려고 한다고 하였
다. 도대체 '미래 지향적인 비전'이 무엇일까 궁금해졌다. 책 57쪽에서
'541 플랫폼'의 모토로 '환경보호'와 '지구 사랑'을 제시했다. 책 57쪽에
서 'KN541 플랫폼'의 비전으로 'KN541 생소 융합(생산자와 소비자 융합'을
제시했다. 이는 'KN541 자가 쇼핑몰'이 핵심이다. 'KN541 자가 쇼핑몰'은 '비용 부담
없는 창업', '재고 부담 없는 창업', '상품 소싱 부담 없는 창업', '리스트 부담 없는 창업'
이 주요 내용이다. KN541 플랫폼의 3가지 특징은 다음과 같다. **첫째, 킬러 콘텐츠이
다.** 이는 뜻밖의 재미(생산 소비자 융합, 구매 동시 지분 참여, 소비는 곧 수익)이다. **둘
째, 연계 콘텐츠이다.** 이는 지구 사랑(녹색 정보 제공, 녹색 교육 진행, 녹색 캠페인
전개)이다. **셋째, 문화의 장이다.** 이는 녹색 생태계(각종 해결책 제공, 온·오프라
인 연계 콘텐츠 제공, 녹색 커뮤니티를 통한 새로운 부 창출 전개 문화)이다. 책 63쪽
에서 'KN541'의 발전 방향으로 '기존 플랫폼의 비즈니스'에 '녹색 환경'
이라고 하는 모토를 더한 것이라고 제시했다. 책 113쪽에서 'KN541'은
그 밖의 비전 전략을 다양하게 제시하고 있다. 우선 'GF 연구소'를 적극
활용하여 녹색 운동을 체계적으로 진행할 수 있는지 연구하는 것이다. 다
음은 1365 자원봉사포털과 연계하여 콘텐츠를 운영하는 것이다. 집에서
도 봉사 활동을 채울 수 있는 웹 기반의 봉사 활동이 생겨나는 방식은 **국
내 최고이고 세계 최초이다.** 또한 '㈜그린플루언서운동본부'는 친환경 녹색
아카데미 법인을 통해 환경 교육을 진행하고, 지에프 학술원을 통해 자격
증을 발급하는 것이다. 책 121쪽에서 'KN541'에 의해 만들어질 단계적

발전 방향으로 생소 융합 논문, 단행본 출판, 국민 공모주, 지구 사랑, 주요 아이디어를 제시하고 있다.

4. 필자가 새롭게 설정한 KN541 플랫폼의 비전 체계도(안)

필자는 위 내용을 참고하고 새롭게 KN541 플랫폼의 비전, 목적, 목표, 핵심 가치, 표어, 캐치프레이즈, 전략, 과제, 성과지표, 이행 기반을 만들어 보았다. 이 비전 체계도는 논리에 기반하여 설정하였다.

1) 비전(Vision)

'소비자가 생산과 유통을 주도하는 지구 사랑 공동체, KN541 플랫폼'

코이노니아 정신을 바탕으로 생산자와 소비자가 함께 참여하고 성장하며, 지구를 생각하는 마음으로 환경보호를 실천하는 지속 가능한 플랫폼을 지향합니다. 소비자가 생산과 유통을 주도하는 소비 주권 시대를 선도합니다.

2) 목적(Purpose)

'소비 주권 시대를 위한 녹색 플랫폼 구축을 통한 지구 사랑 실현'

소비자가 생산과 유통에 적극적으로 참여하는 환경을 조성하고, 생산자와 소비자 모두에게 이익이 되는 지속 가능한 플랫폼을 만들며, 녹색 혁명을 선도하고 지구를 사랑하는 문화를 조성합니다.

3) 목표(Goal)

가. 단기 목표:
- 플랫폼 인지도 향상 및 초기 사용자 확보
- 다양한 친환경 상품 및 서비스 확보

- 안정적인 플랫폼 운영 시스템 구축
- '준비된 완성자'로서 소비자의 적극적인 참여 유도
- 소비자가 생산과 유통에 참여할 수 있는 시스템 구축

나. 장기 목표:
- 국내 대표 친환경 소비자 주도 플랫폼으로 성장
- 해외 시장 진출
- 사회적 가치 창출 및 공유 경제 확산을 통한 저탄소 경제 사회 실현 및 지구 환경 개선
- 소비자 주도의 플랫폼 성장 및 자립적 생태계 구축

4) 핵심 가치(Core Value)

- **공동체:** 코이노니아 정신을 기반으로 상호 협력하고 함께 성장하는 가치 추구
- **참여:** 생산자와 소비자 모두 플랫폼 운영에 적극적으로 참여, 특히 소비자의 주도적인 참여 장려
- **공유:** 이익을 공정하게 공유하고 사회적 가치를 창출
- **혁신:** 끊임없는 기술 개발 및 서비스 개선을 통한 플랫폼 발전
- **Green:** 환경보호 및 지속 가능한 발전을 위한 녹색 혁명 실천(저탄소 소비 및 생산, 친환경 제품/서비스 제공 등)
- **지구 사랑:** 지구 환경보호를 위한 적극적인 실천 및 지속 가능한 삶 추구
- **소비 주권:** 소비자가 생산과 유통 과정에 주체적으로 참여하고 의사 결정을 주도

5) 표어(Slogan)

'KN541, 소비 주권 시대를 여는 지구 사랑 녹색 플랫폼'

'KN541, 함께 만들고 함께 누리는 녹색 세상'

'KN541, 소비자가 주도하는 지속 가능한 미래'

'KN541, 지구를 살리는 착한 소비를 실천한다.'

6) 캐치프레이즈(Catchphrase)

- '소비가 곧 투자, KN541'
- '내가 주인이 되는 플랫폼, KN541'
- '와서, 신나게, 놀아라!'
- '지구를 살리는 착한 소비, KN541'
- 'KN541과 함께 지구 사랑을 실천하세요!'
- '준비된 완성자, 당신이 KN541의 주인공입니다!'
- '소비 주권 시대, KN541과 함께 만들어 갑니다!'

7) 전략(Strategy)

- **차별화된 보상 시스템 구축**: 541 배당 시스템을 통해 참여자들의 적극적인 참여 유도 및 친환경 활동 장려, 소비자 참여에 대한 보상 강화
- **사용자 친화적인 플랫폼 디자인**: 편리하고 직관적인 인터페이스 제공, 탄소 발자국 계산 기능 등, 소비자 참여 기능 강화(생산/유통 참여 기능 포함)
- **다양한 마케팅 활동**: SNS, 온라인 커뮤니티 등을 활용한 적극적인 홍보, 친환경 캠페인 진행, 소비자 참여 이벤트 기획
- **전략적 제휴**: 다양한 분야의 기업과 협력하여 플랫폼 경쟁력 강화, 친환경 기업과의 동반 관계 체결
- **즐거운 경험 제공**: 게임 요소, 이벤트, 커뮤니티 활성화 등을 통해 플랫폼 이용의 재미 증진

8) 전략 방향(Strategic Direction)

- **소비자 중심 플랫폼 구축:** 소비자 의견을 적극적으로 수렴하고 반영, 친환경 소비 동향 선도, 소비자 역량 강화 프로그램 제공
- **지속 가능한 성장 모델 개발:** 장기적인 관점에서 수익 창출 및 플랫폼 운영, 환경보호 노력
- **사회적 책임 이행:** 공정 거래, 환경보호 등 사회적 가치 실현, 저탄소 사회 구축 기여

9) 과제(Challenge)

- 플랫폼 인지도 향상 및 사용자 확보
- 경쟁 플랫폼과의 차별화
- 안정적인 수익 모델 확보
- 보안 및 개인 정보 보호
- 친환경 플랫폼 운영 및 지속적인 Green 가치 실현
- 소비자의 플랫폼 참여 및 '준비된 완성자'로서의 성장 지원

10) 성과지표(Performance Indicator)

- 회원 수 증가율
- 플랫폼 이용률
- 매출액 증가율
- 사용자 만족도
- 브랜드 인지도
- 탄소 배출 감소량
- 친환경 제품/서비스 거래량
- 지구 사랑 캠페인 참여도

- 소비자 참여 활성화 지수(생산/유통 참여 포함)

11) 이행 기반(Implementation Base)
- **IT 기반 구축:** 안정적인 서버와 시스템 구축, 에너지 효율적인 시스템 운영, 소비자 참여 지원 시스템 개발
- **전문 인력 확보:** 플랫폼 운영 및 관리 전문가 확보, 친환경 전문가 영입
- **동반 관계 구축:** 다양한 분야의 파트너와 협력 체계 구축, 친환경 단체/기업과의 연대
- **재무 확보:** 투자 유치 및 수익 창출 모델 마련, 친환경 프로젝트 투자
- **교육 및 지원 프로그램:** 소비자 역량 강화를 위한 교육 및 정보 제공, 생산/유통 참여 지원 프로그램 개발

마지막 장 ——————————————————

KN541 Club 2.000 멤버들은 개척자이자 선구자들이다.

아니! 시대의 영웅들이다.

KN541의 기여자들이고 KN541의 수혜자이며 성공 모델이 될 것이다.

Club 2.000 멤버는 KN541 '기초 심층 기반 구축'으로서 역할을 할 것이며 성공 모델로서 많은 사람들의 부러움을 한 몸에 받게 될 것이다.

녹색 미래를 위한 범세계적인 움직임이 태동하고 있다.
지구 온난화, 기후 변화에 시달리고 있는 사람들에게
'그린'은 미래 성장 동력이자 기업의 성패를 결정하는
포지셔닝인 것이다. 당신이 만약 '갈피'를 못 잡는다면
이렇게 조언하고 싶다. 녹색을 모토로 미래를 지배하라.

KN541 Club 2.000 그 위대한 여정이 시작되었습니다.

5

CLUB 2.000 멤버: 비용 제로, 많은 혜택이 있다.

CLUB 2.000 멤버: 주는 이가 가난하게 되지 않으며 받는 이를 풍요롭게 한다.

CLUB 2.000 멤버: 사소한 것 같지만 가치는 풍요에 대한 꿈을 가져다준다.

CLUB 2.000 멤버: 부자라도 거부할 이유 없고 가난해도 이걸 못 할 사람은 없다.

CLUB 2.000 멤버: 인간관계, 우정을 돈독하게 만든다.

4

CLUB 2.000 멤버: 가정에는 행복을 더하고 인생에는 윤활유가 되며

CLUB 2.000 멤버: 피곤한 자에게는 활력을 주고

CLUB 2.000 멤버: 절망이 있는 자에게는 용기를 주며

CLUB 2.000 멤버: 슬퍼하는 자에게는 위로가 되고

1 CLUB 2.000 멤버: 소외된 자들에게는 희망이 된다.

돈을 주고 살 필요도 없고 빌릴 필요도 없으며 훔칠 이유도 없다.

인생의 가치와 비전을 주는 지구 사랑 '프로젝트'

이것이 KN541 이즘이다.

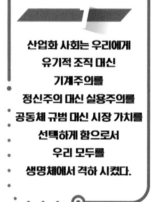

산업화 사회는 우리에게
유기적 조직 대신
기계주의를
정신주의 대신 실용주의를
공동체 규범 대신 시장 가치를
선택하게 함으로서
우리 모두를
생명체에서 격하 시켰다.

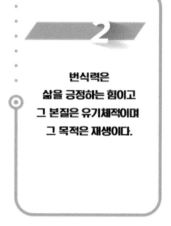

번식력은
삶을 긍정하는 힘이고
그 본질은 유기체적이며
그 목적은 재생이다.

시장은 실용주의적 목표만이 선택과 결정을 좌지 할 뿐,

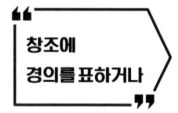

창조에
경의를 표하거나

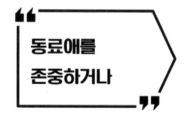

동료애를
존중하거나

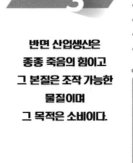

반면 산업생산은
종종 죽음의 힘이고
그 본질은 조작 가능한
물질이며
그 목적은 소비이다.

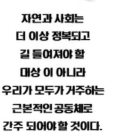

자연과 사회는
더 이상 정복되고
길 들여져야 할
대상 이 아니라
우리가 모두가 거주하는
근본적인 공동체로
간주 되어야 할 것이다.

이런 세계에서

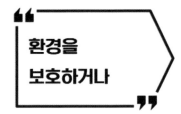

환경을
보호하거나

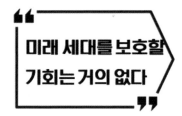

미래 세대를 보호할
기회는 거의 없다

KN541 생소한 이론을 통해 세상을 봐라!

1판 1쇄 발행 2024년 11월 29일

지은이 정차조

교정 주현강 **편집** 김해진 **마케팅·지원** 김혜지

펴낸곳 하움출판사 **펴낸이** 문현광
이메일 haum1000@naver.com **홈페이지** haum.kr

블로그 blog.naver.com/haum1000 **인스타** @haum1007

ISBN 979-11-94276-47-0 (03320)